Magia Blanca
Y Sus Milagros

Magia Blanca
Y Sus Milagros

Amalia Figueroa Curiel

Número de Control de la Biblioteca del Congreso: 2010939549
ISBN: Tapa Blanda   978-1-6176-4233-3
                 Libro Electrónico   978-1-6176-4232-6

Este Libro fue impreso en los Estados Unidos de América.

Para ordenar copias adicionales de este libro, contactar:
Palibrio
1-877-407-5847
www.Palibrio.com
ordenes@palibrio.com
219727

Índice

Agradecimientos:

Escribir este libro fue algo parecido a recordar mis cambios y los aprendizajes que he tenido en la vida, para ser mejor persona, mejor mujer, mejor hija, madre, abuela, hermana, cuñada, mejor amiga, aunque reconozco me falta mucho.

Lo que sé y estoy segura es que quiero dar lo mejor de mí, sin condiciones ni esperar nada a cambio, ojala llegue ese feliz día.

En este nuevo camino que acabo de emprender, tengo la bendición de tener mucha gente linda que me ha ayudado y acompañado.

A mis padres, José y Amalia (q.p.d.) por todo lo que son y siguen siendo.

A Citlali, mi hija mayor, que ha sido uno de mis más grandes realizaciones como mujer, y es el mayor pilar que me sostiene. Es un Ser de Luz maravilloso que ilumina mi vida.

A Polo, mi segundo hijo y a su familia, por ser de una naturaleza noble, lleno de Luz y Amor incondicional para darlo a todo el que lo necesite y que alumbra mi existencia.

A mi pequeña y noble criatura, Fernanda, quien me ha enseñado el amor incondicional y que seguirá alumbrando e iluminando mi vida con sus ganas de vivir y su gran independencia.

A mis hermosos nietos, Fátima y Enrique, que mantienen feliz y jovial mi corazón.

A Enrique que ha sido de gran apoyo y pilar de comprensión de toda mi familia.

A tío Beto, mi segundo padre.

A tía Elena, mi segunda madre, y consecución de ella.

A tío Eulalio, por ese Don de dar incansable y por ser cómo es.

A cada uno de mis maravillosos hermanos.

Mil gracias a toda mi familia por ser un gran apoyo y fortaleza de amor.

Agradezco a Virginia Careaga Covarrubias, una admirable familiar y amiga incondicional y sin temor a equivocarme un excelente ser humano, quien con mucho cariño y su vasta experiencia, me ayudó en este proyecto y fue la primera que me animó a realizar el libro.

A Constanza, por todo el apoyo que me ha brindado, y por ser tan linda persona.

A Eduardo, a quien admiro, con quien siempre he contado incondicionalmente, en los momentos más difíciles de mi vida, a su familia que ya es la mía y pertenecen a mí mundo de grandes afectos.

A María Antonia, que sin ser una de mis hermanas, la considero igual a ellas, por todo su apoyo, comprensión, cariño y sabiduría al igual que su hermosa familia.

Agradezco a cada uno de mis amigos(as), por el apoyo y cariño, también por dejarme ser parte de ellos mismos.

Y sobre todo a ti, Padre y Señor mío, por permitirme escribir este libro.

Gracias, mil gracias a todos mis afectos, por ser parte de mi existencia. Los amo.

Presentación

El presente libro puede obrar milagros en su vida. Puesto que los milagros siempre han existido y no son exclusivos de ciertas personas privilegiadas como muchos piensan, son para todos y cada uno de nosotros. Los milagros son la producción de efectos de "FE", que da su funcionamiento a la Magia Espiritual.

Sin embargo si los procesos no son conocidos por usted, puede caer en una "FE" ciega y cometer errores. A menos que conozca y comprenda los procesos evolutivos del espíritu, porque entonces entenderá que nada es imposible si confía en Dios y en su Poder Divino.

La Magia Espiritual es la producción de grandes fuerzas desconocidas, de hecho, todas las fuerzas fundamentales son por su naturaleza desconocidas.

Pero si sabemos, porque es una realidad, que día a día tenemos testimonios fidedignos de celebridades que dicen que con nuestros pensamientos estamos creando esa magia que rige nuestra vida.

Este libro le enseñará a pensar y en qué pensar, busca guiarlo para vivir el milagro de su ruego y sueño.

La fuerza del pensamiento que es la Ley del Mentalismo, es la Fuerza del Pensamiento Universal, el más Grande y Poderoso del mundo.

Le invito a penetrar al fascinante mundo de la Magia Espiritual y a leer las increíbles oraciones que lo llevarán al éxito. Enséñese a ser un verdadero sacerdote o sacerdotisa espiritual de Magia Blanca. Tendrá éxito, triunfo, realización, y, lo mejor de todo, se enseñará a Perdonar, a Transmutar, convirtiéndose en un gran alquimista de la vida.

Si aprende a ser humilde de corazón, encontrará la Grandeza de su Poder; se dará cuenta que el AMOR es la fórmula mágica para hacer milagros y sabrá que usted es un Milagro de Vida, un ser poderoso, que traerá a su vida y a su mundo, salud, riqueza, amor, penetrando a su mundo interior, donde los milagros ocurren, podrá encontrar dentro de usted conocimientos valiosísimos que ni siquiera imagina poseer, erradicará por siempre la preocupación, los celos, la angustia, el desamor, pero sobre todo el temor.

Si trabaja y continúa con este libro comprobará que todo, absolutamente todo es posible si va de la mano del Creador.

Me llena de amor y emoción presentar este libro, donde está plasmado el Poder de la Oración, que es la hacedora de milagros.

Por eso le invito, lector, a aplicar la Fe y Fuerza Mágica de su pensamiento, unificándose con el Poder Superior, para desvanecer las sombras del miedo, la inseguridad, la enfermedad y sobre todo el desamor.

En este libro encontrara "El Gran Secreto" que escapa de las manos de las personas, inclusive de quienes se dedican a las viejas artes de la magia, brujería y hechicería. Terreno peligroso, cautivador y magnético. Pese a todo el racionalismo intelectual y cultural, la creencia de la magia se halla profundamente arraigada y extendida.

La magia que es ancestral desde siglos pasados, infunde gran temor en las personas que son amenazadas por ella, aun desconociendo sus efectos.

Aunque también es cierto que la mayoría sabe perfectamente que no es un buen camino a seguir, pues está violando una ley "espiritual" que es el "Libre Albedrío", pero transgrediendo esta ley tratan de lograr su objetivo (aunque no siempre funcione).

Por esa y otras razones, las personas actúan con el mayor sigilo y anonimato posible, ocultando así el gran secreto de transformar por medio de la magia una situación que satisfaga al consultante u operante de ella.

También es cierto que la mayoría de las personas buscan a un experto, un especialista en magia para que le ayude a obtener los fines que persigue.

Permítanme recomendarles que jamás utilicen deshechos orgánicos del cuerpo de la mujer, aunque les digan que es efectivo y eficaz. Por muy buenas fuentes sé que cuando visitan al experto en magia y hechicería y les recomienda usar esta clase de pócimas, deben tener cuidado, ya que esto pone en grave peligro la salud de la persona que coma o beba algún alimento que los contenga. Lejos de ayudarle, la perjudican e inclusive pueden intoxicarla.

Por lo tanto salen afectados y dañados tanto la víctima como el consultante, quien equivocadamente buscó la solución a su problema. Cuando ve los resultados se siente culpable y su inseguridad crece, pues nunca quiso lastimar a ese ser; al contrario, sólo quería mantenerlo a su lado, no perderlo.

Ahora bien, también tenemos a nuestro alcance infinidad de hierbas con variados efectos. Voy a mencionar sólo aquella que es muy común para nosotros: el famoso "toloache". Se trata de una planta en verdad peligrosa y dañina para el sistema neurológico. Por tal motivo, recomiendo informarse antes de ejecutar cualquier acto, hoy en día tenemos cantidad de información a nuestro alcance. En Internet, por ejemplo, podemos encontrar fuentes serias de información, sin grandes dificultades.

Pero, volviendo al terreno de las artes mágicas, la mayoría de los libros que se escriben sobre este tema, anticipan que como responsables directos adquirimos una deuda, más allá de lo monetario, al hacer trabajos de magia. Pese a tan severa advertencia el consultante u operante, no duda en realizar cualquier trabajo de magia, hechicería o brujería, porque en ese momento el solicitante se encuentra en un estado emocional conflictuado, bien sea porque las cosas no han salido como esperaba o deseaba y eso lo lleva a buscar ayuda fuera de él o ella, contratando o pagando a personas que se dedican a las artes mágicas, buscando solución a su conflicto, dolor y problema.

Pero tenemos que saber que la Magia Blanca es superior, y que al manejarla estamos trabajando positivamente para ayudar a la persona, todo con base en rituales espirituales y oraciones, por lo tanto estamos evitando un efecto negativo.

En innumerables ocasiones las personas pueden caer en manos de oportunistas y charlatanes quienes medran con el dolor y las esperanzas de la gente. ¿Cuántas personas no hemos conocido que han pasado por tan singular problema?

He sabido de mucha gente que ha pasado por esta situación, que ha gastado grandes cantidades de dinero para lograr algo. La mayoría de las veces, no cuenta con medios suficientes y pide, inclusive a rédito, la cantidad solicitada por el experto que les garantiza un hechizo para que la persona regrese arrepentida y humillada a los pies del consultante dejando y despreciando a la otra.

¿Quién de nosotros no ha recibido, visto y oído propaganda de esta índole, llamándose los mejores psíquicos del país?

Acaso ¿no hay personas que por medio de volantes les garantizan equis trabajo de magia? Y lo más sorprendente y atrayente dice: "Te regreso al ser amado en quince días por alejado que esté, resultados garantizados." Sólo es publicidad y mercadotecnia muy bien pensada y realizada, pues logra convencer a la persona, quien va con toda la ilusión y esperanza de encontrar profesionales en el ramo que se publicita.

Después de consultar el problema, surgen las propuestas de tal trabajo que funciona pero que cuesta equis cantidad de dinero, y, aunque costoso será muy efectivo. Pero, al transcurrir los días, llega la desilusión. El retorno prometido de la pareja no ocurre; menos aún regresa el dinero, diciéndole adiós a todo, ilusiones, esperanzas rotas, con el sacrificio del dinero gastado a cuestas, sin ningún resultado, dejando frustración, rabia, impotencia y vergüenza porque los demás pudieran enterarse de tal fraude y sufrir la mofa de tan vergonzoso acto.

Vemos como el ser humano comete el mismo error varias veces, pues a pesar de sufrir ese acto de charlatanería, vuelve a lo mismo, al escuchar publicidad, o porque un conocido les recomienda a fulano o a sutana, diciendo que es maravilloso y que lo ayudó a resolver su problema.

Entonces empieza a preguntar al amigo ¿Dónde se encuentra tal persona?, para consultarla y que le ayude también. Volviendo a las andadas, buscando aquí y allá para caer en un estado de fanatismo, contaminando la mayoría de las veces su propio entorno y descuidando casi siempre su autoestima y seguridad. Lo que puede provocar el abandono de personas y cosas de importancia mayor dentro de su propia familia, hijos, casa, etcétera.

Todos conocemos esta clase de personas, su fanatismo es tal, que no dudan en absoluto de que todo lo negativo que les sucede es provocado por segundas y hasta terceras personas que "utilizan" medios de magia, brujería, y hechicería para perjudicarlos, e inclusive para matarlos. Esta suposición resulta grave y peligrosa para ambas partes, pues no conforme con suposiciones, la mayoría falsas, suelen involucrar a familiares cercanos -hermanos, cuñados, yernos, nueras, amigos, etc.- con quienes había llevado muy buena relación y por algún malentendido, surgen malos pensamientos, presagiando envidias, odios, rencores, calumnias etcétera.

Para estas personas cualquier motivo es pretexto, pues su fanatismo las conduce a ideas obsesivas y destructivas. Piensa que sobre ella pesa un maleficio que le impuso fulano (a) y no hay poder humano, ningún argumento le ayuda a comprender, a entender que sus ideas y creencias lo pueden guiar por caminos equivocados, por una senda de injusticia, al imputar, la mayoría de las veces, hechos inexistentes. Siempre rebatirá las pruebas por verdaderas que sean y seguirá con conjeturas por demás absurdas e increíbles.

Hacen hasta lo imposible por demostrar sus creencias y dichos, argumentando falacias sobre el supuesto atacante. Piensa que es odiada, envidiada, etc., puesto que su fanatismo la ha llevado hasta donde se encuentra por creencia y convicción. Pero, en realidad, sufre mucho porque se siente rechazada, considera injusta la vida y se encierra en un callejón sin salida.

Por ese motivo y por varios más he escrito este libro. Efectivamente si hay bueno, hay malo; si hay magia negra también existe la magia blanca que es la más poderosa, y en ella no cabe la frustración ni la charlatanería. Puede curar todos nuestros males y frustraciones, enseñándonos día a día lo maravillosa que es la vida y a enfrentar con entereza y valentía las calamidades, ayudando a encontrar verdaderas respuestas a todas las dudas que tengamos, encontrando la maravilla de la Fe verdadera.

La magia blanca ayuda a dejar atrás a la intranquilidad que concentra nuestra atención y la dirige a aquello que no queremos. La preocupación significa que estamos usando el pensamiento destructiva y negativamente, lo que puede provocar inclusive enfermedades como la diabetes, provocada por preocupación, ansiedad y tensión nerviosa.

Por fortuna todo tiene solución si queremos dejar atrás todo patrón de negatividad, revistiéndonos de Fe y confianza en Dios y ofreciendo la oración. La oración siempre es la solución, así de fácil.

¿No lo cree? si hace lo que le pido en este libro verá, cambios maravillosos en su vida. Recuerde que Dios siempre está para ayudar a resolver sus males y tribulaciones. Si cree y ora, verá grandes beneficios no sólo en su vida, sino en el mundo entero. Cuando oramos nuestra vibración es tan potente y tan alta que llega a todos los confines del Universo, beneficiándonos a todos.

A diario, tenemos pruebas de lo infinitamente poderosa que es la oración, que es la fuerza más grande en todo el mundo. No importa cuál sea la dificultad o el problema tan complicado, la oración tiene el poder absoluto de proporcionar una solución a cada conflicto y problema. Su plegaria lo guiará y dirigirá al éxito de su petición.

Y recuerde: la oración cura lo incurable y logra lo que se dice imposible; hace milagros, entonces no necesita de magia negra y charlatanería, usted puede lograr lo que tanto mago, bruja o hechicera no podrán conseguir.

Usted mismo tiene el Poder y la Fuerza de Dios que mora en usted, no espero que me crea, sólo realice el Ritual que más le convenga y reciba la respuesta a sus plegarias y peticiones.

Verá como Dios está a disposición de todas las personas, sin importar raza, credo o color, para él no existen límites, todo es posible y nos responderá con todo su amor infinito. Primero, antes que nada, me gustaría reiterarles, que todo absolutamente todo es parte de nosotros mismos; que todos provenimos de un "TODO", y ese Todo nos hizo UNO.

Tenemos que reconsiderar nuestras creencias, hábitos y costumbres, no debemos tener enemigos, pues quien los tenga, será su propio enemigo. Es verdaderamente importante saber y comprender la Magia del Perdón, para facilitarnos la vida y poder llegar a la perfección del amor incondicional.

Al entender y practicar la Magia del Perdón, nos fortalecemos y crecemos en el amor infinito que nos da la misericordia y llega a nuestra vida la tranquilidad y la paz que necesitamos para ser felices.

No hemos sido instruidos para enfrentar los problemas en nuestra vida. Pero ahora contamos con sabios que nos han enseñado a conocer y despertar "EL GRAN PODER" que tenemos dentro de nosotros mismos y aprenderlo a utilizar para aprovechamiento y mejoría de nuestra vida. Con ese "GRAN PODER" y el conocimiento de las leyes que nos rigen, que muy sabiamente nos trasmitió Hermes Trismegisto, gran maestro e instructor, quien ha legado tan apreciado y valorado conocimiento. Además de las leyes espirituales herméticas que nos ayudan a desarrollarnos física, mental, intelectual y espiritualmente, conociendo una verdad absoluta y única: fuimos creados por un TODO(mente infinita), por lo tanto somos parte de ese TODO. Jesús dijo: "conoced la verdad y ella os hará libres."

No hay nada nuevo bajo el cielo, nada de lo que lee es nuevo, todo ha sido dicho y escrito por muchos Sabios Célebres, aunque incomprendidos en su época. Tenemos también el Libro más Sabio de todas las épocas, *La Biblia* única en su género.

Los siete principios herméticos

Los siete principios son simples, como simple es la hermosa naturaleza que tenemos y nos proporciona todo lo que necesitamos, aunque nos empeñamos en acabar con ella. No sabemos valorar ni observar.

Vemos, miramos, pero no observamos, pasa lo mismo con los demás sentidos, los limitamos sin saber el potencial que tenemos con ver, oír, tocar, degustar, oler, grandes maravillas que no utilizamos al por mayor, no valoramos nuestra naturaleza que nos dota de vida, salud, belleza y amor.

Aunque día a día la mayoría de las personas están tomando conciencia de ello y defienden y cuidan la naturaleza.

En la actualidad a pesar que hay un despertar a la espiritualidad, hay quien no conoce estos Siete Principios Herméticos, que no por desconocidos dejan de existir. Al igual que existen las personas que conocen y practican las viejas artes de la magia, pero al contrario de lo que se cree, estas personas no lucran, no comercializan con el conocimiento ni con el poder. Nunca se desgastan en pequeñeces y negatividad, utilizan su sabiduría para mejorar el mundo, ayudar al prójimo y a la misma naturaleza. Esta clase de personas saben que nada es absoluto, que todos somos parte de un "TODO", conocen Los Siete Principios y los practican, Conocen, por ejemplo, perfectamente lo que es el "karma". Su sabiduría viene del conocimiento y la práctica, para ellos no existe la suerte, ni la casualidad, ellos saben que todo es una CAUSALIDAD.

Estas personas están tranquilas, en paz, en armonía con Los Siete Principios herméticos, con su vida, su mundo y el universo mismo. Permiten que Los Siete Principios caminen acordes con ellos, mientras la Ley de Atracción que trabaja siempre, está suministrando todo lo deseado y necesario a su vida, con abundancia de bienes espirituales y materiales, dándoles sabiduría, fortaleza, salud, amor, riqueza, opulencia espiritual y material. Se responsabilizan, se aman y respetan. Entonces las leyes funcionan rítmicamente, armoniosamente con ellos. Por tal motivo su mundo contiene todo.

Ahora bien, nada más hay que llevarlos a la práctica. Le invito a conocerlos más adelante, para cambiar toda situación desagradable de su vida, no importa qué desee cambiar, le garantizo que con el conocimiento y la práctica, podrá hacer todo, absolutamente todo.

Los grandes sabios y maestros conocían estos principios y se regían por ellos. Aprendamos a aprovechar toda esa sabiduría, esa enseñanza que nos han legado los grandes maestros, haciendo lo mismo que ellos hacían: atrayendo a su mundo, a su entorno lo que tanto ha anhelado. Pues en el pasado usted mismo se ha negado la oportunidad, si no lo ha dicho, lo ha pensado, que es imposible conseguir tal o cual cosa o situación. Éste es el momento, es la oportunidad, para cada ser humano que quiera cumplir sus sueños y sus anhelos. Sólo hay que conocer y llevar a la práctica EL PODER INFINITO DE SU SER, que vive, que vibra y está dentro de usted.

Se preguntará: ¿Cómo saco ese poder? Recuerde que los pensamientos se convierten en cosas y esas cosas son creadoras de nuestra propia mente, positivas (evolutivas) negativas (involutivas, retroceso).

Donde está su pensamiento, ahí está la realidad que vive. Así que no se sorprenda cuando suceda todo lo que piensa. Cuando se manifieste no diga: "yo no lo traje, ni siquiera lo pensé, no sé porque me sucede", etc., la Ley de Atracción, no piensa, no odia, no ama, sólo ejecuta según usted le ordene con su pensamiento y vibración, sea positivo o negativo.

Ahora que ya conocen su "Poder Creador" comprenderán muchas situaciones que están viviendo, o que vivieron en el pasado, reflexionen y comprobaran que todo lo han atraído con sus pensamientos. Espero que en este momento practique tal conocimiento, pues a quienes sabemos de este Poder Creador nos da pánico reconocer dónde se encuentra nuestro pensamiento. Lo eludimos pensando en algo que nos proporcione bienestar, seguridad y felicidad. Lo evitamos, no lo pensamos, ni lo decretamos. Tarea difícil y complicada, en tanto vivimos en un mundo lleno de noticias amarillistas, de violencia, guerra, poder, aunado a ello estamos bombardeados por la mercadotecnia y la publicidad, que nos llevan a falta de principios, de respeto e inclusive a pérdida de pulcritud del sano y buen vivir.

Ya no cuidamos la apariencia, la moda nos lleva a lacerar nuestro cuerpo con tatuajes y perforaciones, inclusive en un órgano tan vital como es la lengua, etc., creyendo así ser parte del mundo que vive una nueva época.

Lo mismo pasa en el despertar espiritual, estamos llenos de publicidad de las artes mágicas. A esto le sumamos patrones autodestructivos, como la auto-misericordia, la autocompasión, la rebeldía, la afición al alcohol, al tabaco y a la droga.

Esto nos lleva por senderos de destrucción física y mental. Dejamos de lado la belleza y grandeza que Dios nos regaló, dejando los sueños y aspiraciones a un lado, la mayoría de veces sin saber cuál camino elegir, cuál es la meta verdadera para alcanzar la felicidad. Da terror ver la televisión, que nos llena de noticias de desgracias, secuestros, vandalismo, violencia, provocando inseguridad total, miedo a salir de día o de noche.

Igual pasa con el medio ambiente, nos alarma la contaminación, pero no hacemos nada para mejorar las condiciones ambientales. No cuidamos nuestro entorno, Si fuéramos solidarios y comprendiéramos que Todo es parte de Todo, disminuiría la contaminación, el vandalismo, la corrupción, etc.

Sabemos que fuera de nuestra vida no podemos resolver todo, pero si podemos ayudar, no a componer, arreglar, el mundo de otras personas, aunque esas personas sean el esposo (a), los hijos, etc., pero sí podemos sugerir, intervenir si somos requeridos, pero no más.

Lo único verdadero que podemos cambiar, y hacer, es modificar nuestra propia vida, nuestro propio "Ser", sin duda alguna.

Sin embargo, para hacer estos cambios necesitamos conocernos, comprendernos, tener misericordia y perdón por nosotros mismos. Con estas bases empezar a practicar la auto-aceptación, para que llegue la seguridad, el amor, el respeto, y la valoración a uno mismo. Entonces seremos seguros y capaces para hacer cualquier cosa que queramos o anhelamos. Podremos operar ese cambio que creíamos imposible.

Ese día que usted elija, cambiará su mundo. Ese mundo lleno de esperanzas y amor, pero no hablo de ese amor egoísta, hablo del amor verdadero. Saber que soy único en el mundo con cualidades y defectos, que me acepto, me amo, me respeto que merezco todo lo que deseo y requiero para la paz, tranquilidad y la armonía que me proporciona la felicidad deseada.

Así irá trabajando con su propio "Ser" que siempre le traerá amor, salud, riqueza, abundancia, opulencia espiritual y material. Llenándolo de sabiduría, correspondiendo al mundo y al Universo con gratitud, humildad, benevolencia, buena voluntad, misericordia y amor.

El hecho de saber que es único (a), le dará un valor incalculable. Aunque también debe de saber que cada persona, animal, elemento o cosa son únicos en su especie y eso los hace merecedores de respeto, aceptación comprensión. Si bien es cierto que hay gente más rica o más alta, más guapo (a), que usted, eso no lo hace mejor que usted. Lo mismo funciona a la inversa, habrá gente más pobre, más fea, más baja etc., pero eso no lo hace mejor a usted. Todos somos Uno. Uno para amar, uno para comprender, uno para compartir, etc., un solo "SER", que viene de un TODO.

En este libro le explicaré, brevemente, lo que es una oración, un ensalmo, un conjuro, un fiat, y los decretos.

También le hablaré de los Siete Principios Herméticos, y le enseñaré a liberar y a consagrar las velas para los rituales. Cómo prepararse y liberarse con baños y rituales, que funcionan y pueden ayudarnos a solucionar ciertos tipos de problemas, Pero lo más importante; esta clase de rituales nos acercan más y más a nuestro Poder Absoluto y debemos aprender a utilizarlo para nuestro beneficio, en armonía con la Ley de Atracción, con el conocimiento y la práctica, sin duda los resultados serán todo un éxito.

El conocimiento nunca debe separarse de la práctica, es el único camino para entrar en contacto con nuestra esencia, "El Poder Superior". Este es el único y verdadero camino para encontrar la esencia que nos llevará al Poder Absoluto. Teniendo así siempre éxito, triunfo en nuestra labor.

La esencia corresponde a la etapa de las sensaciones, ordenándolas, elaborándolas. Son los conceptos, (ideas), los juicios y razonamientos. Esto sirve como base para penetrar a nuestro Yo Interno y atravesar ese puente invisible que nos unifica en otro plano de conciencia, donde nos re-encontramos con el poder infinito, fuente inagotable donde verdaderamente somos creadores.

De cada individuo depende lo que anhele o desee construir, al reconocer ese Poder Infinito comenzamos a crear pensamientos, conceptos correctos y lógicos. En ese nuestro diario vivir, conciente o inconscientemente, buscamos nuestra verdad individual, aunque con frecuencia no alcancemos a distinguir, menos a escuchar y ver cuál es el camino hacia la felicidad. Lamentablemente este hecho se aplica a la gran mayoría de personas que no saben atraer a su vida la armonía y la felicidad.

Esta palabra que escuchamos y usamos mucho, pero que no tenemos el verdadero conocimiento, ni menos aún la práctica para atraerla a nuestras vidas, ya que creemos que la vamos a encontrar fuera de nosotros mismos; es decir, pensamos que encontrando una pareja ideal, o teniendo riqueza y éxito tendremos felicidad.

También es cierto que a veces creemos que no la tenemos al alcance de la mano, a pesar de la lucha diaria para encontrarla. Nuestra Fe puede estar equivocada, ser supersticiosa o ciega, y por eso pensamos o creemos que no la merecemos y jamás la podremos obtener o alcanzar.

Son conceptos falsos y absurdos, la peor mentira, pues la felicidad no nos la puede brindar otra persona. Aunque también es cierto que teniendo armonía con la pareja, la familia, el dinero, la salud, contribuye mucho y casi estamos del otro lado del "Poder Absoluto", nada más nos falta amarnos, valorarnos, respetarnos, cuidarnos y protegernos, así entenderemos que somos parte del TODO. Con esta convicción y seguridad traeremos a nuestra vida todo, amor, dinero, salud, abundancia y estaremos acordes y en armonía con nuestro propio Universo.

Cuando yo me amo sin ese amor sin condena, sin ataduras de ninguna índole, con la comprensión y misericordia, traigo a mi vida el verdadero conocimiento, esas dos cosas me dan la inteligencia, esas tres cosas me dan la sabiduría, esas cuatro cosas me dan la Fe verdadera basada en conocimiento y práctica, esas cinco cosas, dándome por supuesto el amor incondicional, amor verdadero.

El amor verdadero es el "Poder Infinito", todo lo que piense y toque será totalmente diferente. Hay un giro de ciento ochenta grados, porque tenemos la certeza del conocimiento con práctica y estamos abiertos para que la Ley de Atracción interactué con nosotros, armoniosamente, rítmicamente, atrayendo salud, amor, amor de pareja, riqueza espiritual y material, nos da la abundancia.

Entonces tendremos la seguridad de utilizar el "Poder Divino" que tenemos cada uno de nosotros, conociéndolo, contactándolo, practicando y manifestando todos nuestros deseos y anhelos con fuerza, con poder para llegar a la vibración correcta de saborear ante todo los resultados positivos de ese "Gran Poder", que podemos utilizar a placer, convirtiéndonos en un caudal de agradecimiento, nos convertimos en creadores y generadores de gratitud infinita hacia nuestro Creador por toda su grandeza y perfección, por todo su amor y misericordia, haciendo de cada uno de nosotros un Plan Divino, es cuestión de conocerlo y, practicarlo, eso es todo.

Le recomiendo dar gracias infinitas por todo lo que ya posee, hacer una lista de gratitud y otra de deseos y anhelos, después, sueñe un rato al sentir la esencia de lo que desea, sintiendo que ya lo posee, sintiendo esa felicidad que le dará el éxito en sus anhelos. Lo que está haciendo es vivirlo, sentirlo, gozarlo de antemano, vibrando al son de sus más grandes deseos y anhelos.

Lo que le puede ayudar en todo es tomarse uno o dos minutos de riso-terapia, sin importar el estado de ánimo en que se encuentre, ni la clase de problema que tenga, por severo que sea. Sólo hágalo y verá que es una fórmula mágica para tener un mejor día, creando para usted grandes y nuevas oportunidades de vida. Después bendiga a su cuerpo, reconociendo que es su templo sagrado, pídale perdón si no lo ha tratado con el amor y los cuidados que se merece, prometa darle mayor atención, cuidado y por supuesto amor.

Dé en forma de gratitud una oración llena de agradecimiento y fuerza, aunque sea pequeña. Vibre al orar y verá grandes cambios en su vida y, porque no decirlo, milagros también. Al conocer la oración y practicarla junto con la gratitud, nada ni nadie podrá impedir esa magia que nos da el "Poder Divino", fortaleciéndonos, dándonos todo lo que nosotros queramos.

Hay que comenzar a crear con estas herramientas tan grandes y maravillosas que tenemos al alcance.

Recuerde, sólo nosotros podemos decidir sobre nosotros mismos, no lo olvide jamás. Nadie tiene el poder de impedir su crecimiento y utilizar su poder, nadie puede impedir que trabaje, conozca y utilice su poder, nadie, solamente usted.

Ahora que ya conoce esta única verdad, sabrá que fue hecho a imagen y semejanza del Creador, fue hecho por amor, sin importar las circunstancias, fue creado por amor, no lo olvide jamás. Esa es la única y verdadera razón de nuestro "Ser" que nos da ese "Poder Divino" "El Amor".

Dios es supremo amor y misericordia, con esa bondad nos obsequió su "Don Divino", único para todo hombre y mujer. Hablamos del Libre Albedrío.

Para poder aprovechar tan magnífico regalo, tenemos que conocer y practicar Los Siete Principios Herméticos, adquiriendo así la fuerza y ese poder que llevamos dentro de nosotros mismos. Sin separarse ni desprenderse de él, conocerá que dentro de su corazón existe otro plano de vida, que es lo que le da el Poder, un camino, una vereda intangible pero verdadera, donde mora su "Foco Central", su Cristo Interno, por así llamarlo, que le puede pintar su mundo color de rosa a pesar de los problemas existenciales.

Esto le va a fortalecer tanto que comprenderá mejor la vida, volviéndose positivo, armonioso y, por qué no decirlo, sabio y poderoso.

Veamos cómo funciona esto, le recomiendo se quede quieto por un rato. Una vela blanca puede ayudarle para que sea más fácil el penetrar en su "Yo Interno". Ancle su pensamiento en un solo sentir; es decir, ponga su atención en lo que desea en ese momento. En lo personal, a mí me ayuda mucho este decreto: "Dios está en mí y yo estoy en Dios, lo siento lo vibro y por último, lo veo".

Hasta ahora no he necesitado buscarlo en el cielo ni en ninguna otra parte, pues sé que estoy en lo correcto cuando penetró a otro estado de conciencia y él se encuentra dentro de mí misma, dentro de mi corazón, lo palpo, lo vivo, lo vibro, lo siento.

Ahora hacemos varias respiraciones profundas, hasta que logremos concentrarnos.

Otro de mis decretos favoritos en momentos de confusión es: "Con Cristo en mí Corazón y en mí Mente se hace luz en mí Frente". Está es sólo una sugerencia, usted puede utilizar infinidad de decretos, somos creadores, así que cada quien puede crear cualquier decreto, el que se les ocurra y guste.

Después de esta práctica conocerá la morada de ese "Poder Supremo" conocerá y sentirá a su Cristo Interno, disfrútelo, vívalo, víbrelo, siéntalo, encontrando ahí todo lo imaginable, aunque también es cierto que encontrará lo inimaginable.

Usted tiene el Máximo Poder de Dios en usted, puede vivir eternamente en esta enseñanza que es verdad, y la misma Física Quántica lo demuestra. En este plano de conciencia debe saber que nunca muere, que no tiene fin, que es eterno y recuerde que:

Él Creador, El Todo, nuestro Dios hace Eternidades, el hombre hace temporalidades.

Con esta verdad enfrentará cualquier reto existencial que aparezca en su vida, porque le da fortaleza de espíritu, junto con la sabiduría y la voluntad de seguir adelante.

Quite de su camino rocas, roquitas y rocotas, siguiendo el sendero de vida que usted ha deseado.

Le reitero que todo conocimiento auténtico es el que nace de la experiencia directa de su práctica diaria. Si queremos encontrar ese camino que nos llevará al "Poder Divino", hay que practicar lo que les he expuesto, así como los rituales que encontrarán en este libro.

Los Siete Principios

1.- El Principio del Mentalismo

2.- El Principio de Correspondencia

3.- El Principio de Vibración

4.- El Principio de Polaridad

5.- El Principio de Ritmo

6.- El Principio de Causa y Efecto

7.- El Principio de Generación

1.-El Principio del Mentalismo

Esta ley nos enseña que absolutamente todo es mente. Que el Universo, el Mundo que habitamos es una creación mental del "Todo" (que muchos de nosotros lo conocemos con el nombre de Dios, Mente Infinita), es "Poder Infinito y Universal", que somos y nos movemos gracias a ese "Ser". Al comprender esta Ley del Metalismo que habita en nuestro propio Ser, Ley que rige al Universo Mental, la podremos utilizar y aplicar a nuestra vida, proporcionándonos bienestar y crecimiento. Con esta enseñanza podemos abrir las puertas del Templo del Conocimiento Mental, y conocer ese plano de conciencia en donde entramos a ese mundo intangible pero verdadero, que muchos le llaman un "Plano Psíquico". Podemos entrar y salir de ese plano libres e inteligentemente, creando nuestros mayores deseos y anhelos.

2.-El Principio de Correspondencia

Este Principio es la aplicación Universal para nuestros diferentes Planos, Mental, Material, Espiritual. Es un Principio que encierra la verdad de que hay Correspondencia entre las Leyes de la Vida y la de nuestro "Ser".

Como dice Conny Méndez en su libro de Metafísica 4 en 1. "Como es Arriba es Abajo" y "Como es Abajo es Arriba". Hay muchos planos que no conocemos aún, pero cuando practicamos este Principio Básico de Correspondencia nos aclara nuestra Conciencia, haciendo comprensible todo lo que nos rodea y creamos. Con este Principio de Correspondencia descorremos ese velo que oculta lo desconocido. Enseña al hombre y a la mujer a razonar, a conocer, a comprender, y nos da la inteligencia, la sabiduría y la fe de conocer y estar en contacto con nuestro Poder Infinito, nos enseña a caminar por senderos desconocidos hasta ahora. A un mundo intangible, donde estaremos con esos Seres Celestiales que tanto hemos escuchado y hablado de ellos, como son los Ángeles, Arcángeles, etc., todo

Ed. Bienes Lacónica, C.A. España, 1993

Ser de "Luz" que nos proporcionan ayuda siempre e incondicional. Es decir todo pensamiento (acción), tiene su correspondencia, en todos los planos de existencia, tomando en cuenta que a medida que la vida se eleva, se van ampliando las experiencias y los poderes. Es el estar consciente de algo, en pleno conocimiento de algo, por el hecho de estar experimentándolo en carne propia o en mente propia.

3.-El Principio de Vibración

Gracias a este Principio alcanzaremos siempre nuestro objetivo, deseo y anhelo, sabemos que todo está en movimiento y que nada permanece inmóvil. La ciencia da testimonio de ello.

La Vibración del Espíritu es de una intensidad infinita.

Un ejemplo de ellos son las hélices de un avión o las aspas de un ventilador trabajando, o de alguna banda de automóvil en marcha etc., así es como funcionamos en nuestros diferentes Planos de Conciencia. Así que si aprendemos a controlar nuestros diferentes Planos de Conciencia, como los Planos Mental, Espiritual y Material, y controlamos nuestros diferentes Planos de Vibración, alcanzaremos el "Poder Divino".

4.-El Principio de Polaridad

Todo, absolutamente todo, tiene este Principio de Polaridad, todo tiene su opuesto. Tiene dos polos, idénticos en su naturaleza, pero diferente en un solo grado.

Nos enseña que en cada cosa hay dos polos, que los opuestos no son en realidad más que dos extremos de la misma cosa, qué diferencia hay entre blanco y negro, bajo, alto, grande, pequeño, odio, amor, positivo o negativo, desagradable, agradable, verdad, mentira, etcétera.

Son una misma cosa pero diferente en su grado entre los dos polos.

Todos son grados de una misma cosa, con este Principio de Claridad puedes transmutar y cambiar las Vibraciones de todo, por ejemplo, las de enfermedad, por salud, de odio, por amor, de miseria, por prosperidad etcétera.

Así que es sabido que el bien y el mal son polos de una misma cosa. En este sentido les recomiendo el libro

El Kybalion, (Estudio sobre la Filosofía Hermética del antiguo Egipto y Grecia).

Joya de sabiduría, así mismo la Metafísica nos enseña esta gran verdad y nos habla del Maravilloso Regalo que no da el Maestro Saint Germain con la llama violeta, que nos brinda la oportunidad de transmutar y cambiar. Liberándonos con misericordia y perdón por cada error cometido por uno o por la misma humanidad.

Aplicando este Poder de transmutar, dominará el Principio de Polaridad.

Transmutar significa cortar desde raíz toda negatividad, todo mal. No se trata de transmutar una cosa en otra completamente diferente, sino de reducirla a un simple cambio de grado de la misma cosa.

Editorial Orion octava edición, Ed. Orion, México, 1998.

5.-El Principio del Ritmo

Esta Ley rige para todo. Acción, reacción, vida, muerte, ida, vuelta, sube, baja., etcétera.

Este Principio del Ritmo rige para todo en creación o destrucción, en ascenso o descenso. Se manifiesta en el hombre y la mujer en su vida, su mundo mental, material. Se han descubierto métodos para escapar de sus efectos, empleando métodos de neutralización de nuestra mente, pues sabemos que no se puede anular el principio del Ritmo. Pero gracias a los descubridores de estos métodos podemos eludir sus efectos a cierto grado. La Metafísica nos ayuda y nos enseña a Polarizar y a Neutralizar el Ritmo. Aprendamos a usarlo en vez de ser usados por él. Todo el que ha adquirido cierto grado de dominio sobre sí mismo, ejecuta esto hasta cierto punto, consciente o inconsciente.

6.-El Principio de Causa y Efecto

Ley verdadera e indiscutible. Toda Causa (acción) tiene un Efecto (reacción) todo Efecto (reacción) tiene una Causa (acción), con esta Ley sabemos que nada es Casualidad, sino "Causalidad", que el factor suerte no existe, nos enseña a conocer nuestras propias acciones, que todo el tiempo estamos creando positivo o negativamente, eso nos da una Causa y un Efecto.

Si empleamos esta Ley con conocimiento y practica veremos que podemos hacer grandes cosas para nosotros y para nuestro mundo. Esta Ley nos enseña a utilizar nuestro "Poder Infinito" sacando la "Inteligencia Infinita" que tenemos, y ya no nos dejaremos guiar por grandes masas de publicidad que nos arrastran a sus deseos y voluntades, las sugestiones que nos empujan como autómatas en la vida. Tendremos el poder de la voluntad.

7.-El Principio de Generación

Está siempre actuando, en el Principio Masculino o Femenino, en el estado Mental, Físico, Espiritual

En el estado Físico se manifiesta como "Sexo", esta palabra no se aplica sino a las diferencias físicas que existen entre el macho y la hembra, en un pequeñísimo sector del plano físico. Ninguna creación Física Mental o Espiritual es posible sin este Principio.

El Kybalion dice: "La Generación existe por doquier; todo tiene sus Principios Masculino y Femenino, la Generación se manifiesta en todos los Planos". También dice que para el puro todas las cosas son puras y para el ruin todas las cosas son ruines . . .

Nuevamente les recomiendo ese maravilloso libro que es *El Kybalion*, está al alcance de todos y encontraremos ahí toda la grandeza de la verdad, el conocimiento, la sabiduría que nos da con su enseñanza.

No hay nada nuevo bajo el cielo, todo lo que aquí lees no es nuevo. Todo ha sido dicho y escrito por muchos iluminados, y principalmente *La Biblia.*

Con esta breve explicación terminamos lo que son Los Siete Principios Herméticos.

Leyes Espirituales Y Consecución De Los Principios

LEY DEL Libre Albedrío:

Regalo de Dios para todo hombre y mujer, Don que Dios nos dio, libertad para elegir nuestro sendero de vida. Cada uno de nosotros somos responsables de nuestro "Don" y elegimos como usarlo.

No es una licencia para atropellar haciendo cosas impunemente. Para que funcione a beneficio, tenemos que conocer y practicar los Siete Principios Herméticos, creando los pensamientos que nos den emociones y sentimientos que nos hagan vibrar positivamente y así activar la Ley de Atracción a beneficio y mejoría a nuestra vida.

Dios dice: haz lo que gustes, ya verás las consecuencias.

El Karma:

Karma significa; Acción y Consecuencia. No hay ningún escape del karma.

Toda acción (causa) por mínima que parezca produce una reacción (efecto). El efecto será dependiendo de la causa (acción) si es positiva o negativa. El karma no premia ni castiga, es una ley que compensa y equilibra.

El karma es compensación, pero equilibrada a su acción motivada; el karma incluye los siete principios herméticos.

Es una ley neutral, y sus objetivos son tres:

- Instruir y dar lecciones sobre las leyes cósmicas.
- Establecer el carácter que es la expresión del alma.
- Auxiliar al hombre y a la mujer a tener experiencias y ligarlas al conocimiento integral que tengamos de todo.

La Ley de Atracción:

Esta Ley está actuando siempre en todo y para todo, para que actúe en beneficio propio, tienes que conocerla y comprenderla, ya que siempre está en acción, aunque tú no la conozcas ni sepas de ella. Al conocerla te darás cuenta de que eres el único responsable de la Acción de esta Ley, y comprenderás que de todo lo bueno y malo que ha pasado en tu vida, eres el único responsable, ya que con tus pensamiento has creado todas las situaciones vividas.

Es una Ley que trabaja acorde a tus pensamientos, sean positivos o negativos, esa Ley toma tu pensamiento y lo convierte en realidad, le dice tus pensamientos son órdenes y no te sorprendas de los resultados. Y sé honesto y ve que en realidad tú activaste el pensamiento negativo y lo único que hace la Ley de Atracción es cumplir todos los pensamientos, sea de deseo, anhelo, temor, odio, miedo etc. Así que ahora conociendo esta Ley de Atracción, espero tengas más cuidado de lo que piensas ya que eres generador, es decir creador, de tus situaciones y circunstancias.

Cuando llegue un pensamiento negativo, en ese instante debemos de cambiarlo, haciendo un gran esfuerzo para recordar algo bello que nos inspire y haciendo a un lado pensamientos negativos. Recuerda que un pensamiento positivo es mucho más fuerte que el negativo.

Cuando usted se encuentre confuso, desorientado, temeroso, inseguro, celoso etc., y no sepa cómo actuar, o qué decidir, recuerde que tiene un guía y protector interno. Él lo ayudará y lo orientará en su problema, usted establecerá un vínculo fuerte y poderoso con él y la oración, los ensalmos, los conjuros, los fiat, y el decreto, aquí le escribo una breve explicación de lo que significa cada uno de ellos.

La Oración:

La Oración es platicar con Dios, es comunicación directa con el Altísimo o con Seres Celestiales de Luz, ya sea como petición, consuelo gratitud, es cuando imploramos ayuda, pidiendo intervención celestial. En la oración tenemos una actitud sumisa, humilde, rogativa, con la oración podemos penetrar a otro plano de conciencia donde atravesamos ese puente invisible a la espiritualidad.

Ensalmo:

Es cuando se pide la presencia de las Divinidades, para que vengan en tu ayuda y te preparas con ciertos materiales para recibirla. En el ensalmo el que invoca, señala que sólo con la ayuda de las Divinidades y ciertos artefactos podrá realizar ya sea sanación o cualquier petición.

Conjuro:

Es cuando se une, Oración con Ensalmo, con una actitud más imperativa, valiéndose de varios artificios. Las peticiones en los conjuros son más directas, más enérgicas.

Fiat:

Es cuando lanzamos una exclamación en busca de ayuda o de alegría. Por ejemplo: ¡Ayúdame Dios mío!

¡Gracias! Dios mío, etcétera.

Decreto:

Es todo lo que hablamos con firmeza, sea positivo o negativo y sugestionamos a nuestro sub-consciente, esto trabaja siempre con la Ley de Atracción, por ese motivo la Metafísica nos enseña a transmutar y a decretar correctamente para ver los resultados positivos inmediatamente.

Con estas breves explicaciones daremos paso a la enseñanza de cómo liberar nuestra mente, con la transmutación y cambio.

Utilizaremos toda la riqueza que brinda la naturaleza y la herbolaria para hacernos baños benéficos con resultados sorprendentes, sabremos cómo debemos preparar una vela o veladora, la importancia de limpiar y liberar un sitio, la importancia del incienso y el sonido de una campana, y lo prometido: Los Rituales Mágicos Espirituales, con sus respectivas oraciones.

Lo primero que debemos de hacer, antes de utilizar cualquier receta, es conocer y tomar conciencia de la situación que vivimos y deseamos cambiar. Les recomiendo que depuren los sentimientos negativos de odio, celos y venganza, ya que éstos pueden ser factor importante para no lograr el éxito en nuestro trabajo, pues la mayoría de las veces tales sentimientos traen la derrota y la inseguridad.

Por eso, antes de todo hay que hacer trabajos de transmutación y cambio, para conseguir la seguridad que necesitamos para realizar cualquier cosa en nuestra vida.

La Herbolaria es tan antigua como la propia vida, es benéfica y saludable, gracias a estos elementos de la naturaleza el hombre ha elaborado gran cantidad de medicamentos y pócimas para ayudar a sanar a sus congéneres,

Desde la antigüedad también se ha usado por generaciones y generaciones para baños y tés, con efectos muy efectivos. Por ese motivo les recomiendo ciertas clases de baño para alcanzar su cometido.

Para preparar su baño, hay muchas hierbas que están a su alcance. Cuando estén dispuestos, es importante utilizar jabón "Zote" o algún neutro ya que estos jabones nos ayudan a liberarnos de malas vibraciones.

En estos rituales espirituales siempre manejaremos velas e incienso, acompañándonos con una campanita que vamos a tocar siete veces, siempre antes de cada ritual, liberando así nuestro ambiente.

Inmediatamente nos persignamos y pedimos el triángulo de protección, diciendo así: "Pido el Triángulo de Protección de Dios Padre-Madre, para poder realizar el día de hoy sanación, comunicación etc., (manifestamos lo que vamos hacer). Gracias padre, sé que me has oído, cierro mi aura y cierro mis puertas astrales para toda creación humana y para todo espíritu encarnado o descarnado que venga contra mí. Doy gracias Dios Padre-Madre amen".

Preparación de nuestra velas

Siempre tenemos que liberar nuestras velas, este proceso se logra con agua bendita y esencia, ya sea sándalo, pachulí, mirra, copal, en fin, hay gran variedad, es la que nosotros elijamos. Tomamos nuestra vela con la mano izquierda y con la derecha la ungimos con la esencia en la que previamente vertimos siete gotas de agua bendita, y bendecimos nuestra esencia. Medimos mentalmente la vela de la mitad hacia arriba y la frotamos de abajo hacia arriba con la esencia siete veces sin decir nada, después la volteamos y hacemos el mismo proceso con la otra mitad.

Si el ritual lo pide, tomamos nuestra vela y volviendo a ungirla con la esencia que se solicita en el ritual, si es para equis persona se debe de frotar con ambas manos de arriba hacia abajo con la esencia ya puesta en nuestras palmas de las manos, diciendo no eres vela ni cera, ni pabilo, eres el alma, el cuerpo, el pensamiento y la acción de fulano (a) de tal.

También se escribe en el pabilo de arriba hacia abajo el nombre de la persona y encima del mismo nombre el de quien realiza el ritual. Después colocamos nuestra vela como lo indica el ritual y se procede a prenderla, siempre con cerillos de madera, y jamás se apaga una vela soplándole, sino mojando las yemas de los dedos o con una candela.

Cada vez que encendamos una vela, debemos bendecirla diciendo y haciendo la señal de la cruz: "En Nombre del Padre, del Hijo y del Espíritu Santo, amen". En estos rituales no importa horario ni día para realizarlo, sólo hay que hacerlo con fuerza y firmeza para que llegue la vibración necesaria para el éxito, los resultados ya dependen de usted.

Iniciamos los Rituales con la Transmutación, es decir, arrancar desde la raíz toda negatividad o mal que aqueje y lo cambiamos de polaridad negativa a la positiva

Transmutación y Cambio

Se necesita:

- 1   vela blanca
- 2   velas moradas
- 1   vela azul
- 1   incienso de mirra, copal o sándalo
- 1   campana (Se dan siete campanadas para liberar el ambiente).

Oración

¡Oh Dios Misericordioso y Bendito, Señor mío, Todopoderoso e Infinitamente Bueno!

¡Escúchame! Cuánto daño me he hecho, cuánto daño he hecho a todo lo que yo amo, por mi ceguera, sordera espiritual.

Me he dañado, he dañado a las personas que me amaron y a las que me aman.

¡ Perdóname señor!

¡ Redímeme señor! En este momento de reflexión y conciencia, mi arrepentimiento es sincero, por eso acudo a ti, tú eres mi fe y refugio, sé qué grande es tu misericordia y amor.

Pido el rayo violeta de transmutación y cambio al maestro Saint Germain, que me envuelva en su rayo violeta, convirtiéndome en un pilar de Luz Violeta, pido perdón a cada una de las personas o cosas que yo haya dañado, ahora que he encontrado la verdad, veo y escucho la verdad, cuanta misericordia hay en ti Padre mío, para perdonarme. Tu Sagrario bendito y hermoso, que nunca te cansas de amarme, mi arrepentimiento viene desde lo más profundo de mi Ser, es honesto y sincero, ya que encontré la pureza, el amor misericordioso que tengo de ti dentro de mi corazón.

Te pido perdón, me pido perdón, pido perdón a todos y cada uno de los seres que he dañado.

¡Perdónenme! ¡Redímanme! Se los pido con humildad en mi corazón, ahora que conozco la verdad, veo tal cual soy, pido perdón por ser egoísta, controlador, hipócrita, desleal, infiel, mentiroso (a), ladrón, impositivo, etc., (aquí se dice lo que deseamos que nos perdonen)

Pido perdón a mi cuerpo por no amarlo y cuidarlo.

Pido perdón a mis padres

> A mis parejas
> A mis hijos
> A mis nietos
> A mis nueras
>> Cuñados
>> Sobrinos
>> Tíos
>> Primos
>> Compadres
>> Ahijados
>> Amigos
>> Vecinos
>> Enemigos

Pido perdón a cada uno de los que ya se fueron de este plano.

Pido perdón a mi hermana la humanidad

Pido perdón a mi tierra bendita.

Pido perdón a todo lo que existe en mi mundo que de alguna manera he dañado.

Me arrepentimiento es verdadero y sincero, la humildad de mi corazón también.

Hoy por hoy sé que he sido perdonado por tu gran amor y misericordia, Señor Mío, Castillo Mío.

¡Bendito tú y todos los que asisten en servicio de amor y misericordia para la humanidad!

Ahora padre, ya soy libre, tengo la resurrección y la vida de mi propio Ser.

Sostengo este rayo divino y maravilloso encendido para mí y la humanidad, transmutando y cambiando todo mal por bien, todo desamor por amor.

¡Ayúdame! Padre a encontrar mi verdadero sendero que me lleve hacia ti, así encontrando la seguridad y amor que me dan tus brazos.

Dame una mente y un corazón para amar todo con sabiduría, bondad, equidad, humildad.

Esta es una plegaria que sale de mi propio Ser.

Mi compromiso es ser cada día mejor, ahora sé Padre Eterno que quieres todo lo mejor para mí.

Gracias por mi Salud, Abundancia Material y Espiritual, Paz, Tranquilidad, Armonía, Felicidad.

Mi mundo contiene todo, Está lleno de amor, misericordia, salud, prosperidad, abundancia, opulencia económica y espiritual.

¡Gracias! Padre mío, Señor mío, esperanza mía, en ti confío y pongo mi fe en ti mi Dios infinitamente amoroso, amen y amen.

Después de orar dejamos las velas encendidas hasta que se acaben, este tratamiento es por única vez.

Baño para activar la Llama Violeta de Transmutación y Cambio de Misericordia y Perdón.
(Para el perdón y el egoísmo)

Durante siete días vamos a hervir ramas de pirul, hierbabuena, epazote, ruda, albahaca, manzanilla, menta, en tres litros de agua aproximadamente. Después de hervir se retira del fuego y se deja reposar entre quince y treinta minutos. Este baño se tiene que hacer antes de retirarse a dormir, se tienen que enjabonar y tallar con el jabón zote y después se debe de enjuagar con la poción de hierbas, previamente colada. No hay que secarse, sólo sacúdase el sobrante del preparado y proceda a vestirse para dormir.

En muchas ocasiones nos cuesta trabajo perdonar, olvidar, comprender a las demás personas e, incluso, las mismas circunstancias vividas. Esto nos ocasiona infelicidad, rencor, miedo, vergüenza, odio, desventura, desamor, etc., y nos impide liberarnos y obtener la tan anhelada paz, tranquilidad y armonía que es lo que nos hace libres para encontrar la felicidad.

Este sencillo baño nos ayuda a liberar toda esa carga emocional, comprendiendo, conociendo la magia del Perdón y la Misericordia, abriéndonos las puertas de la felicidad.

Ritual de Perdón, y Benevolencia

Se necesita:

1   vela violeta

1   vela blanca

1   vela naranja

1   vela verde

1   vela rosa

2   velas azules

Un incienso de mirra, copal, sándalo, el que prefiera

Una campanita para liberar el ambiente

Un papel en blanco

Pluma atómica azul

Se escribe en el papel el motivo a perdonar o lo que está generando la envidia, ya que escribimos la situación ponemos el nombre o nombres de la(s) persona(s) a perdonar.

Encendemos nuestras velas del altar con cerillos. El papel escrito tiene que estar en medio de las velas, si gusta puede ponerlo encima de un pequeño plato, y después puede hacer un triangulo de azúcar morena o miel por fuera del papel. Acomoda el incienso cerca del altar, y enciéndalo, como ya dije.

Antes que todo, tocamos nuestra campanita siete veces seguidas, y procedemos con lo demás.

Ya que todo está listo, hay que concentrase en la luz del altar, elegir la vela de su preferencia y fijar la vista durante un minuto o dos pensando únicamente en la persona. Imagínelo dentro de la llama, y que penetra en la misma llama, unificándose con la persona a perdonar. Por mucho rencor que haya, haga un esfuerzo y vea como la abraza y la perdona. En seguida imagine que es lo bastante humilde para pedir perdón y ser perdonado aunque usted haya sido el afectado. Por ejemplo, pedimos perdón por haber permitido que me dañaran etc., con este pensamiento en mente damos gracias a Dios por la liberación.

Procedemos a orar con gran fe y vibración;

Yo Soy la llama Violeta en acción en ti fulano(a) de tal_____(nombre completo), y en mi yo soy fulano(a) de tal_____ _____(su   nombre), transmuto todo odio, rencor, enemistad y lo cambio por comprensión, misericordia, perdón, desde este momento sentimos como se transforma nuestro "Ser" en amor, comprensión, entendimiento, paz, tranquilidad, armonía, felicidad, fuerza, poder, libertad.

Queda atrás todo lo negativo, queda disuelto todo mal, ahora somos la resurrección y la vida de nuestro verdadero "Ser" ahora ya somos uno en amor, perdón, misericordia, paz, tranquilidad, armonía. ¡Ahora ya somos libres! Gracias padre por este Don de Perdonar y Amar. Bendito sea tu Cristo Interno, fulano(a) de tal

_____

___(nombre), que se te abran todos tus caminos por amor, amen, amen, amen.

Baño para transmutar y cambiar, (renovación de nuestro cuerpo físico y espiritual)

Necesitamos:

Dos hojas de helecho, dos hojas de lechuga, dos rajas de canela y una de mejorana, se ponen a hervir y se deja reposar alrededor de quince a treinta minutos. Nos preparamos para darnos un baño antes de dormir y hacer nuestro trabajo de ritualización, de transmutación y cambio. Recordar que es recomendable bañarse con jabón "Zote" o neutro, luego enjuagarnos perfectamente bien, y después con el agua de las hojas nos enjuagamos por última vez, sin secarnos, sólo nos sacudimos el resto del agua y procedemos a vestirnos.

Para el ritual necesitamos:
1   Vela Morada
1   vela verde
1   incienso de mirra, sándalo o copal
1   campana (tocarla siete veces antes del ritual)

Todas las velas se liberan como ya señalé antes. Una vez colocadas nuestras velas, prendemos el incienso, procedemos a orar y a decretar lo siguiente:

Por mi Magna y Poderosísima Presencia "Yo Soy", invoco al maestro Saint Germain, (tocamos la campana), a Jesús el Cristo (tocamos la campana).

A nuestra Madre María (tocamos la campana), a doña Amatista (tocamos la campana), al Arcángel Zadquiel (tocamos la campana), para que me envuelvan en la llama violeta y enciendan (3) alrededor y a través de cada partícula y átomo de mi cuerpo, mi mente, transmutando toda enfermedad, envejecimiento, fealdad, por el cambio de la renovación de mi cuerpo y mente, encontrando mi salud perfecta, mi belleza y juventud, transmutando toda obesidad, por belleza y perfección de mi cuerpo, manteniéndolo siempre en armonía con la salud perfecta, la belleza y la juventud para siempre y por siempre, extendiéndose cada día más en energía, salud, belleza, juventud, hasta encontrar la perfección de mi salud, mente y cuerpo, resaltando mi belleza interna como la externa, asimismo mi juventud interna y externa, manteniendo por siempre mi Plan Divino, Mi Verdad. Yo acepto esta Oración y Decreto cumplido, como acepto el llamado Divino "Yo Soy",

Gracias Amada Presencia "Yo Soy". Porque sé que esto ya está hecho, amen, amen, amen.

Se dejan encendidas las velas por unos quince minutos más y se apagan con una candela o con las yemas de los dedos humedecidas.

Este trabajo se puede hacer por siete días consecutivos.

Cuando nos encontremos con (3), quiere decir que debemos de repetir tres veces el decreto.

Baño para Transmutar y Cambiar. (Controlar nuestro ego y dejar de ser controladores)

Necesitamos: perejil, ruda, albahaca, hierbabuena, manzanilla, epazote y helecho, se pone a hervir todo junto y se deja reposar durante quince o treinta minutos antes del baño, después nos bañamos y por ultimo nos enjuagamos con el agua preparada.

Sacudiéndose nada más el sobrante, se viste para hacer el ritual antes de dormir.

Ritual para controlar nuestro ego, dejar de ser controladores y aprender a hacer más humildes.

Se necesitan:

- 2 velas moradas
- 2 velas azules
- 1 vela verde
- 1 vela rosa
- 1 incienso de violetas, rosas o lavanda

1   campana, que se debe de tocar siete veces en la habitación que se realice el ritual.

Se procede a encender las velas con el incienso y decimos la siguiente plegaria;

"Señor mío", Grandeza mía, cambia mi necesidad de controlar todo, de preocuparme de más.

Hoy por hoy tomaré las herramientas que has creado para mi beneficio, Señor Mío, gracias te doy por darme maestros Ascendidos de Luz, para guiarme y auxiliarme en la vida. Gracias a ustedes maravillosos seres de Luz, que con su Grandeza y Sabiduría, dan servicio a la humanidad, con humildad, comprensión, misericordia y amor.

Pido al maestro Saint Germain, su Llama Violeta consumidora de todo mal, me envuelva en ella, para que vibre en ella, llene todo mi cuerpo emocional y físico, para disolver toda la impureza mental y física que tengo, consume Llama Violeta poderosa todo patrón equivocado de pensamiento y acción y dame comprensión, misericordia, perdón, amor, humildad y así tener ese flujo perfecto que me da la perfección de tu rayo Violeta Divino, maestro Saint Germain, manténla ahí por siempre y para siempre, para mi perfecto balance, espiritual, mental y material, trayendo a mi vida la paz, tranquilidad y armonía, vivificando la acción del amor divino y la humildad

Te doy las gracias maestro Saint Germain, se que siempre me asistes y sé que tu acción y tu rayo violeta son de acción inmediata, te pido que esto sea auto-sostenido.

Hasta que yo no muestre la perfección de Mi "Gran Ser" la Divina Presencia "Yo Soy".

Yo Soy fulano(a) de tal_____ _____ Yo Soy el máximo poder de Dios en acción para transmutar y cambiar, todo mi "Ego" necedad y vanidad por comprensión, humildad, humanidad y benevolencia, encontrando a mi paso toda la misericordia, todo el perdón y amor de cada ser viviente que exista en el mundo, enseñándome a dar, comprensión, humildad, benevolencia y amor a todo lo que me rodea. Hoy por hoy veo y comprendo que todo se abre a mi paso, gracias a la humildad y al amor. Bendita seas Amada Presencia "Yo Soy" por otorgarme el poder del cambio, bendita sea toda la esencia divina de cada ser, bendito el amor, pero sobre todo tú Padre

Celestial y Divino, Castillo mío, mi Creador bendito por siempre y para siempre.

Despúes se dejan las llamas encendidas por quince minutos más y se procede a apagarlas, se hace lo mismo por siete días seguidos.

Para pedir perdón a
Dios padre-madre

Necesitamos:

1   vela blanca
1   vela amarilla
1   vela morada
1   incienso mirra, copal o estoraque
1   campana

Antes hacemos acto de conciencia.

Prendemos nuestro altar, con actitud verdadera de humildad y arrepentimiento, con todo el respeto y amor a nuestro padre, ya que es un ritual verdadero de comunicación directa con Dios. Decimos la siguiente plegaria:

¡Piedad! De mi Señor, en tu bondad, por tu gran corazón, borra mis faltas, que mi alma quede limpia de malicia, purifícame de mis pecados.

Pues mis pecados yo bien los conozco, mis faltas no se apartan de mi mente; contra ti, contra ti solo pequé, lo que es malo a tus ojos, yo lo hice.

Por eso, en tu sentencia tu eres justo, no hay reproche en el juicio de tus labios. Enséñame a ser sabio, rocíame con agua y seré limpio, lávame y seré blanco cual la nieve.

Haz que sienta otra vez jubilo y gozo, borra en mí todo rastro de malicia.

Crea en mí, Oh "Dios", un corazón puro, un espíritu firme, pon en mí.

No me rechaces lejos de tu rostro, ni apártese de mí tu santo espíritu.

Dame tu salvación que regocija, mantén en mí un alma generosa, a ti se volverán los descarriados.

De la muerte presérvame señor, y aclamará mi lengua tu justicia.

Señor abre mis labios y cantará mi boca tu alabanza. Amen, amen, amen.

Se dejan consumir las velas.

Armonizar a nuestra pareja (infidelidad, abandono, desamor)

Se necesitan:

2   Velas moradas

2   Velas Verdes

3   Velas rosas

1   incienso sándalo, rosa, canela, mirra o copal

1   campana

Cada vela se debe bendecir y bautizar con agua bendita, se dice en nombre del Padre, del Hijo y del Espíritu Santo te bautizo con el nombre de fulano (a), recordemos que siempre tenemos que pedir el triangulo de protección, para ritualizar.

Procedemos a prender las velas del altar y fijamos la vista en una de las velas moradas durante un minuto sin parpadear y decimos el Nombre de la persona mentalmente durante el minuto, después tranquilamente pero con firmeza.

En nombre de la Santísima Trinidad, Padre, Hijo y Espíritu Santo, que sea contigo fulano (a) _____ (tres veces)

Jesucristo nació
Jesucristo creció
Jesucristo murió
Jesucristo resucitó

Jesucristo subió a los cielos y está sentado a la diestra de Dios Padre. Así como esto es verdad, La Santísima Trinidad te ilumine, te sane de todo el dolor que puedas traer desde tu nacimiento y rectifiques en este instante tu conducta, con lealtad, fidelidad, respeto, principios, encontrando tu verdad y dejes ir a esa mujer (hombre), que está a tu lado, para siempre y para toda la vida, dale la libertad mental y física para re-encontrar su camino, ya que tú me perteneces por derecho de conciencia y correspondencia, porque lo que es mío no puede ser robado, destruido o alejado, lo que no es mío no lo deseo ni lo necesito, lo suelto y lo dejo ir.

Reclamo mi derecho de correspondencia.

Yo te mando fulano (a) en nombre de mi Señor Jesucristo sueltes a esta mujer (hombre).

Te sanes y te quites de este lugar que no te corresponde y regreses manso como un cordero al sitio que te pertenece, que es nuestro hogar bendecido por Jesucristo y hecho por amor.

Yo te mando fulano (a) en el nombre de mi Señor Jesucristo, te liberes de bajas pasiones y tu corazón se llene de pureza y amor con misericordia para mí que yo soy tu alma gemela, tu amor verdadero y juntos hemos construido nuestra sagrada familia. Libera a esta mujer (hombre) de tan maligno karma, déjala ir, déjala en total libertad para que encuentre su verdadero camino que la conducirá a la verdadera paz y felicidad.

Yo te mando fulano (a) en nombre Señor Jesucristo que actué en ti, la Inteligencia Infinita y tengamos la resurrección y la vida de nuestro hogar, transmutando alejamiento por acercamiento, odio por amor, infidelidad por fidelidad, intranquilidad, por paz, tranquilidad, armonía, responsabilidad, y ante todo con Luz Infinitamente de Amor y Comprensión.

Jesús actuó con base en tus promesas. Tú dices "Paz a los hombres de buena voluntad", también dijiste que el que a ti te siguiera y a nuestro Padre, tenemos las puertas de la Gloria abiertas, por eso sé que lo que aquí pido, ya está hecho, porque tu acción es inmediata al igual que la acción de nuestro Padre Altísimo, benditos sean, gracias por este gran milagro.

¡No hay duda en mí! ¡No tengo miedo!

Me cubro bajo las plumas del Señor mi Dios, bajo sus alas estoy seguro(a), junto con mi familia.

¡Te alabamos Señor Todo Poderoso y Misericordioso, nuestro único y verdadero Dios, tú eres mi Salvador y Consuelo, tú eres el Milagro de re-hacer mi hogar y fuera de ti no hay quien salve. ¡Aleluya! (Tres veces).

Baño para Consolidar una Unión de Amor

Se necesitan: pétalos de rosa (cualquier color) un puño, canela en raja, dos pimientas gordas, siete clavos de especie, unas ramitas de ruda, unas hojitas de menta, unas hojitas de laurel, se hierve todo en tres litros de agua, cuando hierva se retira del fuego y se deja reposar de quince a treinta minutos, antes de bañarse. Para bañarte, no olvides usar jabón "Zote", y el último enjuague hacerlo con el agua preparada, procede igual que los anteriores trabajos, se sacude el agua sin secarse y se viste.

Ritual para consolidar una unión de amor:

Se necesita:

1   vela blanca
1   vela azul
1   vela verde
1   vela rosa
1   vela naranja
1   vela amarilla
1   vela morada

1   incienso de canela, rosas, menta, o lavanda

1   campana

Una fotografía de la pareja, juntos o separados.

Se encienden las velas del altar (recuerden que las velas se deben de bautizar y ungir con esencia, en este caso puede ser del aroma del incienso y con nuestro dedo índice de la mano derecha se pone el nombre de la pareja o marido de arriba hacia abajo y después encima del nombre, el propio, es cuando se aplica poca esencia en las manos y dice no eres vela, ni cera, ni pabilo, eres el alma, el corazón, el cuerpo y la acción de fulano (a)_

_____.

Después ya podemos prender las velas, esto siempre se debe hacer cuando vamos a ritualizar.

Se pone la fotografía de ambos en medio de nuestras velas y encendemos nuestro incienso.

Nos dirigimos a Dios con gran amor, humildad y gratitud, por nuestra unión y el amor de nuestro compañero (a)

Y decimos la siguiente plegaria.

Bulle mi corazón de palabras graciosas, voy a recitar mi poema para fulano de tal_____, es mi lengua la pluma de un escriba veloz.

Eres hermoso (a), el más hermoso de los hijos de Adán, la gracia está derramada en tus labios. Por eso Dios te bendijo para siempre.

Ciñe tu espada a tu costado, Oh bravo, en tu gloria y tu esplendor, marcha, cabalga por la causa de la verdad, del amor, de la piedad y justicia.

Tu trono es de Dios para siempre jamás, un cetro de equidad, el cetro de tu reino mi hogar, tú amas la justicia y odias la impiedad.

Por eso Dios te ha ungido, con óleo de alegría, mirra, áloe, casia son todos tus vestidos.

¡Logre yo hacer tu nombre memorable por todas las generaciones!

¡Logre yo hacer una fortaleza nuestro amor y nuestro hogar!

¡Logre yo hacer buen(a) esposo(a), buen(a) padre, madre, buen(a) hijo(a), buena persona para unificarme con Dios, y tú de la mano conmigo, gloria sea dada al Señor nuestro Dios!

Así, como esto es verdad, verdad es que tú mi compañero (a) mis hijos, mi hogar, mi familia está bajo el amparo del Altísimo que es Omnipotente, amen, amen, amen.

Baño para el amor

Se hierven pétalos de rosa, canela, clavo en especie, pimienta gorda, hojas de naranjo hojas de laurel, hierbabuena, manzanilla, cuando ya hayan hervido se deja reposar como en el ritual anterior y se enjuaga con el agua preparada.

Ritual de Amor:

Se necesita:

1   vela blanca
1   vela rosa
1   vela naranja
1   vela azul
Un incienso, canela, rosas.
1   campana (se toca siete veces para liberar el ambiente antes de empezar el ritual).

Se encienden las velas y se dice la siguiente oración:

Jesucristo bienaventurado, antes Santo que nacido, intercede por mi Señor Jesucristo y otórgame el Poder del Amor Verdadero.

Bienaventurado Señor San Juan, antes santo que nacido concededme al amor que te pido,

Señor San Julián, suerte echaste en la mar, tan firme como la echaste la sacaste. Ruego por vuestra santidad y por mi virtud que me encuentre con el amor verdadero para marido, deshaciendo a mi paso envidias, celos, hechizos y sortilegios que me tengan atado(a), atorado(a). Presto, presto, presto ya para encontrar a mi esposo(a) con amor verdadero.

Entre el cielo y la tierra fui nacido(a), con agua bendita fui bautizado(a) con el nombre de _____ _____.

Así como esto es verdad, verdad es que hay un amor para mí, que está esperando y anhelando como yo la llegada de tan bendito amor.

Con San Pedro, San Juan, San Lucas, San Pablo, San Mateo, San Marcos, San Santiago y con el seráfico San Francisco, con la virgen María, con la Santísima Trinidad, Padre, Hijo y Espíritu Santo.

Unificándose conmigo para la llegada del amor verdadero, que llegue presto a mi vida para la unificación del alma con amor verdadero, salud, prosperidad y abundancia.

Busco marido (mujer) ritualizando aquí con fe, unificado(a) a esta gran procesión de estos poderosos Santos benditos, buscando marido (mujer), para este hombre o mujer soltero(a).

Ya no puedo soportar más la soledad y asistir a matrimonios de otras personas. Habiendo conducido este rito, otras personas asistirán a mi boda.

El Creador sostiene la Tierra, los Planetas, el Cielo. El Universo.

¡Oh! Dios Misericordioso haz que llegue a mí el amor verdadero, mi compañero(a) ideal, que llegue mi alma gemela, amen, amen, amen.

Despertar Amor Verdadero en la Pareja

Baño:

Se hierven hojas de canela, pétalos de rosas rosas, un crisantemo, un clavel rojo, flor de azahar, un bracito de zábila, clavo de especies, cuando ya esté hirviendo se deja reposar y nos damos nuestro baño igual que en los anteriores trabajos, este baño puede hacerlo a la hora que usted elija.

Se necesita un tazón de vidrio, en el cual le va a llenar una tercera parte de agua de la llave y unas siete gotitas de agua bendita, en el tazón le va a poner una pequeña rajita de canela, un clavo de especie, una pimienta gorda, una hoja de laurel y una de menta, hojas de hierbabuena, hojas de perejil con una hojita de cada uno es suficiente, se le pone una cucharada grande de miel, y un poco de la loción de usted.

Después se persigna y procede a bendecir el agua del tazón con la señal de la cruz y por encima del agua. Diciendo esta plegaria:

"A ti Dios Padre-Madre", Señor Omnipotente, humildemente te pido bendigas y consagres esta agua, que preparé con verdadero amor.

Dígnate santificarla, así como quisiste bendecir la casa de nuestro padre Abraham, y Jacob, e hiciste habitar a tus Ángeles en su casa, así te pido me bendigas y permitas que tus Ángeles de la Llama Rosa siempre, siempre, habiten en mi casa. Y en mi corazón y en el corazón de todos los que moren en ella pero en especial Señor, santifica con verdadero amor esta agua que preparé para traer a mi contraparte, a mi alma gemela, con tranquilidad, armonía, felicidad, y amor verdadero de mí compañero(a) que es fulano (a),_____haz que tus Ángeles benditos, defiendan mi relación de verdadero amor, cuando aceche algún mal pensamiento, acción o persona que se cruce en nuestro camino, da Señor Altísimo a esta relación la abundancia de amor y virtud celeste.

Gracias Dios Padre-Madre. Por esta bendita consagración del agua, de mi alma, y de mi casa que es tu casa Señor. Amen, amen, amen.

Después de esta bendición, en una vela blanca se le amarra un listón azul, con el nombre de la persona que queremos armonizar, y encima de ese nombre ponemos el de usted, se amarra alrededor de la vela aproximadamente en medio, conforme se vaya consumiendo se va bajando el listón, se enciende la vela bendiciéndola y otorgándosela a Nuestra Señora Santa Elena.

Se dice esta oración:

Señora Santa Elena, digna sois y santa, concededme el amor verdadero y leal de fulano (a)_____ _____ que entre cielo, sol, luna, estrella, miel le parezca yo "Yo Soy" fulana (o)_____ _____lodo y polvo, les parezcan las demás mujeres (hombres).

Señora santa Elena, digna sois y santa, concededme el respeto y fidelidad de fulano(a) _____que cuando me mire, su vida se ilumine, cuando me oiga, ruiseñor escuche, cuando me bese, bese a los mismos Ángeles, cuando me toque vibre, con la vibración celestial de amor unificándonos en una sola alma, un solo ser, un solo amor.

¡Que el cielo se abra, y me oiga Santa Elena!

¡Que el cielo me oiga! ! Que Santa Elena me responda!

¡Santa Elena!, ¡Santa Elena!, la más santa de las santas, dame el amor verdadero de fulano (a)_____amen, amen, amen.

Cuando termina el ritual apague su vela con una candela, este ritual lo puede hacer hasta tres veces al día, o cada día. Como usted prefiera.

Cuando se consuma la vela, tome el listón y lo trae con usted ya quiera amarrarlo en el brazo o pierna izquierda o en su bolso.

Ofrenda de Amor

Este ritual es muy poderoso, cuando queremos atraer el amor a nuestra vida. En un plato o charola vamos a poner un mango, un mamey, una manzana, una pera, un plátano, una piña, una sandía. Por último un ramillete de uvas.

Después debemos hervir un puño de jazmines y lilas, rosas, claveles rojos, menta, canela en raja y siete pimientas gordas, en tres litros de agua, ya que hirvieron se retira del fuego se deja reposar por quince a treinta minutos. Luego nos bañamos y nos enjuagamos por último con el agua preparada.

Altar:

Se necesita:

1   vela morada
1   vela azul
1   vela verde
1   vela rosa
1   vela anaranjada
1   vela amarilla

1 vela blanca

1 incienso, rosas, canela o jazmín

1 campana

Se procede a encender el altar y se dice, la siguiente plegaria:

Fuerzas del Amor, Fuerzas de la Luna, Fuerzas del Sol, Fuerzas de la Naturaleza, Fuerzas de la Salud, Fuerzas Positivas del Universo. Venid a mi ayuda y a mi encuentro en este "Ritual de Amor". Atraigan a mi vida a mi Alma Gemela, sé que Mi Alma Gemela me anda buscando al igual que yo la busco, sé que ya tiene deseos de estar conmigo para siempre, como yo tengo deseos de estar con mi Alma Gemela para siempre. Sé que es muy leal y fiel, al igual que yo, pues, yo soy leal, y fiel; sé que es amoroso(a), protector(a), bondadoso(a), maduro(a), responsable, apasionado(a), y que es mi afín en todo y para todo, por eso muevo todas las Fuerzas del Universo, para que la Ley de Atracción trabaje.

Sé que ya está trabajando y atrayendo hacia mí, mi Alma Gemela que es para mí. El espíritu de Dios es la Suprema Atracción del Universo. Yo soy parte Suprema del Universo y doy gracias por la llegada de mi Alma Gemela mi complemento. Amen, amen, amen.

Atracción para el Amor

Para el baño necesitamos: siete claveles rojos y blancos, siete clavos de especie, siete pimientas, una raja de canela, se hierve todo y se deja reposar, al momento de bañarse se talla primero con el jabón zote, después todo su cuerpo se lo exfolia con azúcar morena, se enjuaga y se aplica en la piel miel de colmena y se deja reposar por unos cuantos minutos, después se enjuaga con abundante agua y con el preparado se enjuaga por último, sacúdase nada más y espere que su piel absorba él preparado.

Para el altar necesitamos:

1   vela blanca
2   velas rosas
1   vela azul
2   velas naranjas (oro rubí)
1   vela roja
1   incienso, rosas
1   campana

Se procede a prender las velas del altar después invocamos la ayuda y asistencia de San Antonio de Padua.

¡San Antonio de Padua! ven (se toca la campana en cada invocación).

La invocación de San Antonio se repite tres veces,

"¡San Antonio de Padua ven escúchame, asísteme!" (tres veces).

San Antonio de Padua, Patrón y Protector de los enamorados, hacedor y constructor de matrimonios y uniones, construye mi porvenir, y tráeme a la persona que ha de ser mi compañero(a) de la vida, mi alma gemela, para construir nuestro mundo con el verdadero amor, respeto, responsabilidad, construyendo así una familia unificada con los valores espirituales, para que esta unión y esta familia marche acorde en la paz, tranquilidad y armonía encontrando así la vida eterna.

Dame el poder del amor San Antonio de Padua.

Dame mi unificación espiritual y física con mi alma gemela, amándonos, protegiéndonos, caminando siempre juntos y mirando al mismo horizonte con respeto, lealtad y fidelidad.

Oración:

San Antonio de Padua,
Que en Padua naciste. A predicar aprendiste
Al primer sermón te fuiste,
Al otro día, tu Santo Padre se te reveló,
Ya lo llevaban a la horca,
Tú lo fuiste a librar,
De la horca y del pecado
De vuelta cuando venían,
Tu Santo Padre se te perdió,
Y el Verbo Eterno lo halló
Y te dijo, hijo Antonio, hijo Antonio,
Vuelve atrás,
A tu Santo Padre hallarás.
Tres cosas te pido
Lo perdido, hayado_____

_____

(aqui poner lo que deseamos).
Lo alejado, acercado_____

_____

Lo olvidado, acordado_____

_____

Hay que rezar esta oración tres veces al día, y las puertas de la gloria se abrirían, las del infierno nunca alcanzarían.

Al terminar el ritual apagamos nuestras velas con la candela, este ritual se hace durante trece días

Conjuro a los Ángeles Celestiales de la Llama Rosa del Amor

Se necesita:

3   Velas rosas, incienso de rosas y canela,

1   Campana (se toca por toda la habitación, antes de prender las velas, siete veces y después al hacer la invocación).

Fulano(a) de tal_____

_____se

repite el nombre tres veces, tocando la campana a cada invocación del nombre.

Ni te veo, ni me ves

Tres mensajeros te quiero mandar,

Tres palomas mensajeras del amor

Tres colibríes mensajeros del amor y la pasión, Tres Ángeles mensajeros del amor

Tres flechas de cupido vencedor que es ligero y sabedor te mando al corazón.

Fulano(a)_____

_____ tres veces, tocando la campana.

Escucha, escucha, escucha, a Lady Rowena, a la Diosa Venus, a San Antonio de Padua, a Santa Elena, al Arcángel Chamuel, a los Ángeles Rosas del Amor, y escucha a Cupido Vencedor ligero y sabedor.

Con cuantos Ángeles, Arcángeles y Arcangelinas hay en el cielo, escucharas en tu oído mi mensaje de amor.

A cada Una de Ustedes Grandes Potestades del Amor, imploro humildemente su favor de traerme a fulano(a)_____atado y ligado a mi corazón, para que llegue rendido de amor a mis pies,

Escucha,   escucha,   escucha,   fulano   (a) _____ ven ya para que te unas conmigo

Fulano (a_____

_____ven ya para que estés conmigo

Envíenmelo por los aires, Seres Celestiales,

Envíenmelo por la tierra

Envíenmelo en ruedas

Presto, presto, presto llegando a mi puerta (se repite tres veces tocando la campana)

Yo sé que terminando mi poema presto en acción de Potestades tan Poderosas, presto, presto, presto, viene a buscarme.

Para atraer al amado(a)

Se necesita:

1   vela blanca
1   vela azul
1   vela rosa
1   incienso de rosas, canela o sándalo
Miel pura de abeja.
Canela en polvo,
Palillo de madera

En la vela blanca con el palillo se pone el nombre y de la persona amada encima de éste, el nombre de la pareja, después se unta con poca miel, y se le aplica la canela en polvo. Las otras velas se les pone el nombre de la persona amada, encima de éste el nombre de la pareja al igual que hizo con la blanca, pero con la diferencia que no se les aplica ni miel ni canela, se prende el incienso junto con las velas y procedemos a decir la siguiente oración:

Señora Santa Martha, Digna sois y Santa,
De mi Señora la Virgen querida y amada,
De mi Señor Jesucristo huésped y convidada

Por el Monte Yabor entraste
Con la fiera serpiente encontraste
Brava y fuerte estaba,
Con la cruz y el agua bendita la rociaste y conjuraste,
Y en ella cabalgaste,
Y al gran pueblo la llevaste,
Y a los caballeros la entregaste,
Y dijiste y hablaste,
Veis aquí la fiera serpiente atada,
Ligada, contenta, pagada,
Mansa y queda de los pies,
De las manos, del corazón,
Y de todos sus miembros,
Cuántos en su cuerpo son.
Así como esto es verdad,
Traéme a fulano(a), manso, ledo, quedo
De las manos, de la boca y del corazón,
Y de todos sus miembros.
Cuánto en su cuerpo son.
Y que no lo pueda detener,
La noche obscura,
Ni ninguna mujer,
Ni su madre, ni criatura
Así, Santa Martha,
No lo dejes en silla sentar,
Ni en cama acostar,

Ni tenga un momento de tranquilidad,
Hasta que a los pies míos venga a parar,
Arrepentido, rendido y apasionado de amor por mí.
Santa Martha, escúchame, escúchame, escúchame,
Ayúdame, ayúdame, ayúdame,
Ampárame, ampárame, ampárame.
Por el amor de Dios.
Presto, pronto, tráemelo, ya.
Presto, pronto, tráemelo ya
Presto, pronto, tráemelo ya.

Se dejan consumir las velas (se hace siete días consecutivos, si no ha regresado, se puede repetir las veces que se necesite).

Para ver en sueños a tu futuro(a) esposo

Baño:

Siete claveles blancos, siete lirios, siete margaritas, y una rama de hierbabuena, una rama de manzanilla, tres hojas de laurel, se hierven y se deja reposar y antes de bañarse se le agrega un chorro de loción de heliotropo. Cuando se bañe aproveche para hacer el tratamiento de transmutación, primero báñese con el jabón zote, después frote su piel con azúcar morena enjáguese con abundante agua y aplíquese un poco de miel, mientras reposa la miel, vamos a decir el siguiente tratamiento:

Yo Soy el Máximo Poder de Dios en Acción,

Yo Soy el Rayo Violeta en Acción,

Y transmuto toda apariencia de enfermedad, depresión, tristeza, soledad, inseguridad, miseria por salud perfecta y total, felicidad, seguridad, amor, belleza, juventud, riqueza, abundancia.

Y esto es AUTOSOSTENIDO por el nombre sagrado
Yo Soy, amen, amen, amen.

Ritual

1   Vela blanca
1   Vela amarilla
1   Vela naranja
Un incienso, copal, pachulí o sándalo
1   Campana
Una hoja de naranjo
Una hoja de helecho.

En medio de las velas en triangulo, ponemos a velar
nuestras hojas de naranjo y helecho, previamente
regadas con agua bendita, diciendo:

En el Nombre del Padre, del Hijo, y del Espíritu
Santo, yo las bendigo y les otorgo el Poder de la
revelación, con esta agua bendita y con sus poderes
mágicos me revelaran en sueños al hombre o mujer
que ha de ser mi alma gemela en esta vida. Amen,
amen, amen.

Después prendemos las velas y el incienso, no olvidando tocar nuestra campana, decimos frente a nuestro altar:

Por la virtud ancestral, que tú tienes, luna, lunita, te pido, te ruego, te imploro me des la facultad psíquica que necesito para ver a mi futuro compañero(a), que ha de ser mi acompañante toda la vida.

Te brindo este ritual en acción de gracias, porque sé que tu Poder es Inmenso y yo así lo creo y lo reconozco.

Bríndame y otórgame este favor y dime cuándo llegará a mi vida.

Luna, lunita tú riges la vida, riges nacimientos, cosechas, relaciones, rige en este momento en mí, para ver en sueños a mi Alma Gemela, dale a estas hojas maravillosas ese Poder aunado al Poder que ellas mismas tienen para verlo en verdad.

Te brindo esta Luz de mi Altar, junto con mi agradecimiento y amor.

Gracias, Luna, lunita, así es, así será, así creo"

Dejan las hojas hasta que se consuman las velas y cuando se vayan a acostar las ponen debajo de su almohada, en sueños nos revelarán a nuestra Alma Gemela. Las hojas las pueden utilizar aunque se sequen y las pueden guardar dentro de algún libro.

Cuando entra una Tercera Persona en Discordia en el Amor de Pareja

Baño:

Flores de azahar, flores de durazno, flores de buganvilia, ruda, albahaca, lavanda, menta, se hierven y se pone a reposar, nos bañamos y nos exfoliamos la piel con azúcar y jugo de limón combinado con el azúcar, después nos enjuagamos y nos aplicamos poca miel de abeja en el cuerpo, nos enjuagamos y por ultimo al preparado de hierbas se le aplica un chorro de agua de rosas. Por último, nos enjuagamos con el preparado sin secarnos, nada más nos sacudimos, para que nuestro cuerpo absorba el preparado.

Ritual

- 1 vela azul fuerte
- 1 vela verde
- 1 vela morada
- 1 vela naranja
- 2 velas rosas
- Un incienso de mirra, copal o estoraque

Un papel blanco, donde vamos a escribir la petición y los nombres a separar, si no estamos seguros del nombre de la persona, ponemos, mujeres u hombres.

Ejemplo:

Yo Soy el Máximo Poder de Dios en Acción Yo Soy el Poder y la Fuerza de fulano(a)_____ _____nombre del esposo o pareja, y te ordeno dejes para siempre y toda la vida a fulana(o), la alejes de tu vida y construyas nuestro hogar con verdadero amor, respeto, lealtad, fidelidad, es mandato divino porque Yo Soy tu Amor Verdadero.

Este papel se queda velando en medio de las velas y después procedemos a decir esta plegaria:

"Jesucristo, Jesucristo, Jesucristo, tú eres el vencedor, tú eres el vencedor, tú eres el vencedor, vence el corazón de mi marido (pareja),_____ _____y haz que se separe para siempre y toda la vida de fulana(o)_____ _____si desconocemos el nombre ponemos mujer u hombre que quiere robar y ocupar mi lugar".

Tomamos nuestra campana y la tocamos cuando invocamos a Jesús.

"Jesucristo" ¡Ven! asísteme, ayúdame (se repite tres veces,) y se toca la campana tres veces.

¡Escúchame! (Tres veces con toque de campana)
¡Confío en ti! (tres veces con toque de campana)

Oración:

Señor Mío Jesucristo, hijo de Dios vivo,
Otórgame lo que te demando.
Aleja para siempre a esta mujer, u hombre que me daña, daña a mi familia, que encuentre su camino, que encuentre su verdadero amor,
Que sea libre como él o ella
Siémbrale la semilla de la Misericordia en su Corazón,
Hazla honrada y feliz Jesús,
Por las llagas de tu cuerpo,
Por tu muerte tan grande,
Por tu sacro costado abierto,
Por tu Madre Sagrada, de piedad y piadosa,
Por la Santísima Trinidad,
Me quieras otorgar esto que te demando, pido y suplico.

Ábrele camino y aléjala del mío.

¡Salva mi hogar Señor, que es el Tuyo!

Aléjala y encamínala a su verdadera felicidad, Señor

¡Aléjala! ¡Aléjala! ¡Aléjala! Y así me quieras consolar.

Amen Jesús, amen Jesús, amen, Jesús.

El papel lo vamos a poner en un frasco color ámbar y le agregamos vinagre oscuro y bastante café soluble, hasta hacer una pasta, lo metemos al congelador y ahí lo dejaremos hasta que se cumpla el mandato.

Baño Para Retirarse Cualquier Enemigo(a)

Se hierven una gladiola, un geranio, tres claveles blancos, una rama de epazote, unas hojas de laurel, unas ramas de perejil, un poco de hojas de tomillo, al hervir se deja reposar y se procede a bañar como en los anteriores baños

Ritual Para Vencer a Cualquier Enemigo.

Se necesita:

2   velas azules
2   velas moradas
3   velas verdes
Un incienso de mirra, copal, sándalo
Una campana

Bendiciendo las velas las prendemos, junto con el incienso, inmediatamente tocamos siete veces la campana y pedimos El Triángulo de Protección para realizar nuestro ritual, diciendo la siguiente oración:

Madre Mía, Santa Martha,

Digna sois y santa,

De mi Señor Jesucristo,

Querida y Amada,

De la Virgen Santísima,

Huésped y convidada,

En el Monte Olivete entraste,

Con la serpiente fiera encontraste,

Brava la hallaste,

Con vuestros santos conjuros la conjuraste,

Con vuestro hisopo la roseaste,

Con vuestra cinta la ataste,

Con vuestro pie la quebrantaste,

A los caballeros de la franco-conquista,

Se la entregaste,

En el monte Olivo entraste,

Con fulano(a), fiero(a) encontraste,

Bravo(a), lo(a) hallaste,

Con vuestros santos conjuros, conjuraste a fulano(a),

Con vuestro hisopo roseaste a fulano(a),

Con vuestra cinta ataste a fulano(a),

Con vuestro pie quebrantaste a fulano(a),

A los caballeros de la franco-conquista,

Entregaste a fulano(a),

Caballeros amigos de mi señor Jesucristo,

Veis aquí a la serpiente que es fulano(a),

Bravo(a), que bravo(a), estaba,

Manso(a), quedo(a), ledo(a), humilde, ligado(a) y atado(a),

Madre Mía, Santa Martha,

Con aquellos conjuros que conjuraste la serpiente,

Que es fulano(a), me lo(a) conjures para que fulano(a), me lo(a) pongas,

Manso(a), lego(a), humilde, ligado(a),

Para que se vaya de mi vida, de mi lado, sin quitarme nada, ni dañarme,

Se vaya para siempre de mi vida, sin peligro alguno,

Amen, amen, amen.

Para gente que nos han hecho daño

Se hierve ruda, albahaca, romero, tomillo, laurel hierbabuena, manzanilla todo junto, ya que hirvió, se deja reposar, y se baña como en los anteriores baños.

Se necesita:

1   vela blanca
1   vela morada
1   vela verde
1   vela azul
1   vela rosa
1   vela naranja
1   vela amarilla
Un incienso de mirra, copal, sándalo.
Una campana (para liberar la habitación),
Papel pergamino,
Una pluma atómica azul,

Necesitamos: hojas de laurel, para hacer una Corona con ellas, simbolizando la Corona de Triunfo.

Se anota el nombre(s) de la persona que ha estado haciendo daño, encima del nombre(s), se pone la palabra "SOLOVAYA" tres veces encima del nombre aunque quede encimado, se pone en medio de las velas, sobre del papel se acomoda encima la Corona de Triunfo, y se prenden las velas y el incienso, después decimos la siguiente oración:

Señor Dios, Dios Mío, en ti he puesto mi esperanza, sálvame de todos mis perseguidores y líbrame de sus calumnias, de su brujería y hechicería.

No sea que alguno como león, arrebate tal vez mi alma, sin que haya nadie que me libre y ponga a salvo,

¡Oh! Señor, ¡Dios Mío!, si yo tal hice, si hay iniquidad en mis acciones,

Si he devuelto mal por mal a los que me han hecho, caiga yo justamente en las garras de los que se dicen mis enemigos, sin recurso.

Persígame el enemigo y apodere de mí, y estréllese contra el suelo y reduzca a polvo mi gloria.

Levántate ¡Oh! Señor, En el momento de tu enojo y ostenta tu grandeza en medio de los que se dicen mis enemigos.

¡Sí! ¡Sí! Señor, Dios Mío, levántate según la ley por ti establecida.

El Señor es el que juzga. Júzgame, pues ¡Oh! Señor, según tu justicia, y según la inocencia que hay en mí

Acábese ya la malicia de los pecadores y tú, ¡Oh Dios! Que penetras los corazones y los afectos más íntimos, encaminarás al justo.

Mi socorro lo espero del Señor mi Dios, el cual saca a salvo a los rectos del corazón.

Dios, justo juez, fuerte y sufrido,

Si vosotros no os convertiréis, vibrará su espada,

Entesado tiene su arco y asestado.

He aquí que el impío ha parido la injusticia, concibió el dolor y parió el pecado.

El abrió y ahondo una fosa, mas ha caído en esa misma fosa

El hizo.

El dolor que quiso ocasionarme, recaerá contra él, y su iniquidad descargará sobre su cabeza,

Glorificare yo al Señor por su justicia y cantaré himnos de alabanza al excelso nombre del Señor Altísimo.

Amen, amen, amen.

Se dejan consumir todas las velas.

Cuando se cumpla todo harán lo siguiente:

Se necesita una vela blanca, una rosa, una azul se prenden al igual que el incienso, mirra, copal o sándalo, acompañado de la campana. Procede a encender las velas y va a decir la siguiente oración:

A ti ¡Oh! Señor, mi Dios, tributaré gracias con todo mi corazón, cantaré todas tus maravillas,

Me alegraré, en ti y saltaré de gozo, cantaré himnos a tu nombre! ¡Oh! Dios Altísimo.

Porque tú pusiste en fuga a los que se llaman mis enemigos y quedaran debilitados y perecerán delante de ti.

Confió, pues en ti, ¡Oh! Dios Mío, y, a los que conocen y adoran tu nombre, porque jamás has desamparado Señor a los que a ti recurren. ¡Aleluya!¡Aleluya! ¡Aleluya!

Se dejan las velas consumirse.

Para la gente que nos han traicionado y nos han hecho mal

Baño:

Albahaca, ruda, romero, lavanda, menta, perejil, laurel. Se hierven y se deja reposar, procedan igual a los anteriores baños

Se necesita:

1   Vela blanca
1   Vela morada
1   Vela azul

Un incienso mirra, copal o sándalo,

Una campana (para liberar la habitación).

Un papel pergamino en donde se va a poner el nombre de la persona(s) que ha traicionado, encima del nombre se pondrá tres veces escrito "Solovaya". Se pone en medio de las velas, y se encienden. Decimos la siguiente oración:

En el Señor tengo puesta mi Fe y Confianza:

Mira que a los pecadores han entesado el arco y tienen preparadas saetas dentro de sus aljabas escondidas a los que son de corazón recto.

Por qué aquello que tú hiciste de bueno, lo han reducido a nada; mas el justo, ¿qué es lo que ha hecho de malo?

Pero el Señor tiene su trono en el cielo.

Sus ojos están mirando al pobre; sus parpados están examinando a los hijos de los hombres.

El Señor toma residencia al justo y el impío; y así el que ama la maldad, odia su propia alma.

Lloverá lazos o desastres sobre los pecadores, el fuego y azufre, el viento tempestuoso son el cáliz o bebida que les tocará.

Señor tengo puesta mi Fe y Confianza en ti, te canto a ti mi Señor, Dios mío, mi alabanza de gratitud, a ti mi Señor Altísimo. Amen, amen, amen.

Cuando nos han perjudicado, corrompiendo a algún ser querido

Baño:

Tres crisantemos, dos geranios, dos gladiolas, se hierven y se dejan reposar, se hace lo mismo como los anteriores baños.

Ritual:

Se necesita:

1   vela blanca
2   velas naranjas
2   velas azules
2   velas verdes
Un incienso de mirra, almizcle
Una campana
Noventa centímetros de listón café oscúro
Un tazón de cristal, necesitamos, epazote seco, ruda seca, albahaca seca.

En el listón se pondrá el nombre de la persona que ha corrompido, se utiliza pluma de color azul, se le amarra a alrededor de la vela blanca, después la vela blanca la pegamos al tazón.

Se trituran las plantas y se ponen en el tazón, después se agrega un poco de agua, más siete gotas de agua bendita, siete gotas de heliotropo y siete gotas de loción siete machos.

Después el tazón se coloca en medio de las otras seis velas, éstas se prenden, lo mismo que el incienso.

Y decimos la siguiente plegaria:

Dijo en su corazón el insensato: no hay Dios,

Los hombres se han corrompido y se han hecho abominables por seguir sus pasiones; no hay quien obre bien.

El Señor echó desde el cielo una mirada sobre fulano(a).

Todos se han extraviado, todos a una se hicieron inútiles; no hay quien obre bien.

Su garganta es un sepulcro destapado; con sus lenguas están forjando fraudes; debajo de sus labios hay veneno de áspides, llena está su boca de maldición y de amargura, sus pies son ligeros para ir a derramar sangre, todos sus procederes se dirigen a afligir y oprimir al prójimo, nunca conocieron el sendero de la paz, no hay temor a Dios ante sus ojos.

¿Por ventura no entrarán en conocimiento todos ésos que hacen profesión de la iniquidad; ésos que devoran a mi casa y mi ciudad, como un bocado de pan?

No han invocado al Señor; y allí tiemblan de miedo donde no hay motivo de temer

Porque está el Señor en medio del linaje de los justos; vosotros ¡Oh! ridiculizáis la determinación del desvalido, cuando pone en el Señor su esperanza

Señor mío, mi Altísimo, te doy las gracias por tu justicia, yo soy aquel que vive sin mancilla y obra rectamente.

Aquel que habla la verdad que tiene en su corazón ese Yo Soy.

Yo Soy agradecido(a) Señor mío, mi Dios, en ti confío, te alabaré y glorificaré por siempre.

Hay que dejar que se consuman las velas, y sacar lo que quedó de la vela dentro del tazón, quitar el listón, después éste se quema con bastante alcohol y las cenizas se meten en una botella de color ámbar que se pone dentro del congelador, donde se deja hasta que lo considere conveniente.

Personas que nos dañan y se dicen amigos y traicionan, o enemigos declarados

Baño: se hierven hojas de naranjo, anís de estrella, hierbabuena, manzanilla, ruda, albahaca, mejorana, después de hervir se deja reposar y se bañan como ya se dijo anteriormente.

Ritual:

Se necesita:

1   Vela blanca
1   Vela azul
1   Vela verde
Un incienso de mirra, copal, sándalo o pachulí.
1   Campana
Un papel blanco y pluma azul atómica.
Después de haber liberado la habitación con los siete sonidos de la campana. Se encienden las velas y el incienso; en el papel escribimos el nombre del enemigo y encima poner el nuestro, tratando de que quede centrado en la hoja, y después pondremos

la palabra abracadabra y la hacemos en forma de pirámide quitándole una letra cada vez que la escribamos hasta que quede una sola.

Abracadabra
abracadabr
abracadab
abracada
abracad
abraca
abrac
abra
abr
ab
a

Se coloca en medio de las velas y decimos la siguiente plegaria:

Escucha Yaveh, la justicia,
Atiende a mi clamor,
Presta oído a mi plegaria,
Que no es de labios impuros.
Mi juicio saldrá de tu presencia,
Tus ojos ven lo recto.
Mi corazón tu sondas, de noche me visitas;

Me pruebas al crisol sin hallar nada malo en mí.

Mi boca no claudica al modo de los hombres.

La palabra de tus labios he guardado

Por las sendas trazadas ajustando mis pasos;

Por tu vereda no vacilan mis pies.

Yo te llamo, que tu ¡Oh! Dios me respondas, tiende hacia mí tu oído, escucha

Mis palabras, haz gala de tus gracias, tú que salvas a los que buscan a la diestra refugio contra los que atacan.

Guárdame como la pupila de los ojos, escóndeme, a la sombra de tus alas de esos impíos que me acosan,

Enemigos ensañados que me cercan.

Están ellos cerrados en su causa,

Hablan, la arrogancia en su boca.

Avanzan contra mí, ya me cercan,

Se clavan sus ojos para tirarme al suelo.

Son como el león ávido de presa o

El leoncillo agazapado en su guarida.

Levántate, Yaveh, hazle frente, derríbale;

Libra con tu espada mi alma,

Del impío, de los mortales de este mundo, cuyo

Lote es la vida.

De tus reservas llénales el vientre,

Que sus hijos se sacien,

Y dejen las sobras para sus pequeños,

¡Mas yo! En la justicia contemplaré tu rostro,

Al despertar me hartaré de tu imagen.

Al terminar el salmo, se apagan las velas para el siguiente día, el papel no debe retirarse, se deja así durante siete días consecutivos, cuando sea el séptimo día, al terminar el ritual, doblar el papel y quemarlo con un incienso de varita y las cenizas deben depositarse en alguna maceta o jardín.

Para protegerse de ladrones

Baño:

Se hierven ruda, coliflor, pirul, romero, perejil, mejorana y salvia y se deja reposar unos quince minutos. Se procede como en el baño en que se tiene que frotar la piel con azúcar morena, enseguida se enjuaga perfectamente bien y por último se baña con el preparado de hierbas.

Se necesita:

1   vela negra
1   vela blanca
1   vela azul
2   metros de listón azul fuerte. (se tiene que llevar a bendecir a una iglesia).
campana (libere la habitación tocándola siete veces).
Un incienso de mirra o copal

Se prepara para limpiarse con la vela negra para neutralizar toda la mala vibración o aire que tenga, diciendo: "En nombre del padre, del hijo, del espíritu santo", aquí dejo todo lo malo y oscuro que tenga en mi cuerpo, todo miedo, temor, odio, rencor, por aquí entra Jesucristo protegiendo y bendiciendo mi cuerpo, mi familia y casa, y sale inmediatamente el mal, es la morada de mi señor Jesucristo, así quedo protegido, y amparado, junto con mi familia y mi casa.

Con el señor Jesucristo bienaventurado a mi lado ¿quién contra mí?

Quedo amparado, protegido y alejado de acechanzas, robos, asaltos, secuestros, traiciones. Amen, amen, amen.

Después limpiarse con la vela blanca diciendo la siguiente oración: Tu Señor, mi Altísimo, eres mi amparo y refugio, eres mi protección.

A ti te he elegido como mi habitación y refugio, me cubro bajo tus plumas, y debajo de tus alas estoy seguro.

Mi familia es tu familia, mi casa es tu casa, tú eres mi escudo y fortaleza,

No temeré mal alguno, sabiendo que estoy bajo tu amparo, amen, amen, amen.

Por último con la vela azul limpiarse e invocar al Arcángel San Miguel tocando la campana siete veces.

¡Arcángel San Miguel! (tres veces) ven, ven, ven.

Por delante, por atrás, por arriba, por abajo, a la derecha, a la izquierda, protégeme, ampárame, líbrame de acechanzas, asaltos, robo, secuestro, traiciones, protege a mi familia y mi casa que es tu casa, defiéndeme con tu espada azul flameante, de cuanta gente quiera robar, saquear, asaltar, secuestrar, expúlsala, expúlsala, expúlsala(tocando la campana), y cuida y protege celosamente mi cuerpo, mi familia, mi casa.

Al terminar de limpiarse, colocar las velas y en medio poner el listón azul para velarlo. Cuando se hayan terminado las velas, se corta el listón metro por metro, salen tres listones; con cada uno se forma un triángulo, no importa si el metro se divide en tres y lo corta, después se hace el triangulo -puede utilizar cualquier clase de pegamento o se cose. Uno se pone en la entrada de nuestra casa, otro en la ventana, cualquier ventana, y el tercero en el carro que cada quien elija.

Oración contra peligros

Al levantarnos y cada vez que salgamos o tengamos presentimientos negativos.

Antes que nada nos persignamos y le pedimos a Dios Padre Madre la bendición del nuevo día y agradecemos por todo lo que tenemos,

Después decimos San Miguel, delante, San Miguel atrás, San Miguel arriba, San Miguel abajo, San Miguel a mi derecha, San Miguel a mi izquierda. Al decirlo nos imaginamos a San Miguel defendiéndonos con su gran armadura y su formidable espada flameante de azul celeste.

Después decimos: Maestro Saint Germain envuélveme en tu llama violeta de transmutación y cambio, y hazme invisible e invencible a cualquier peligro o problema que me aceche y que venga contra mí, dame tu triángulo de protección y que salga airoso y triunfante en cualquier situación, amen, amen, amen.

Para castigar al ladrón

Se necesita:

1   vela verde
1   vela azul
1   vela morada
Un incienso mirra o copal,
1   litro de aceite comestible
21 chiles de árbol
7   chiles anchos
3   ajos machos

Se pone a calentar el aceite y se le agregan todos los chiles, en fuego bajo -procure tener un cubre boca, para soportar el freír los chiles-, por ultimo se agregan los ajos. En un papel, se escribe con tinta azul, en detalle lo que se perdió y si sospecha de alguien, puede poner el nombre y sino basta con lo que se extravió, después escribe en el papel:

Luzagna, Luzagna, Luzagna, llega ante los infieles que han cometido este acto de robo, que les alcance la ley de causa y efecto en este ritual que hago en tu honor y pago para que castigues a los ladrones y me des protección;

que se acabe tanta iniquidad, que reciban la lección espiritual para su aprovechamiento y crecimiento, llamo a la ley de causa y efecto y sé que setenta veces siete se les regresará el mal que han hecho.

Solovaya, Solovaya, Solovaya.

El papel se pone en el cazo de aceite hirviendo, espera que todo quede bien quemado, después se retira de la lumbre y una vez frío, se pone en una bolsa negra de plástico, que se tira fuera de la casa, Y al hacerlo dicen: "Gracias Luzagna".

Ritual y baño para cortar brujería

Se hierve albahaca, ruda, epazote, salvia, hierbabuena, manzanilla, lavanda, se apaga y se le aplican 30 gotas de éter, 30 gotas de amoniaco, 120 gotas de loción de heliotropo, y se deja reposar por quince minutos. Proceda igual que con los otros baños.

Se necesita:

3 velas negras
Un incienso de estoraque, mirra o copal
Una campana para liberar la habitación.
Agua bendita.

Tomar las velas ya liberadas como expliqué anteriormente, y bautizarlas con el nombre de quien hace el conjuro. Esto se hace persignando las velas, diciendo: "En nombre del Padre, del Hijo y del Espíritu Santo yo te bautizo con el nombre de"_____

_____después se limpia con una vela de cabeza a hombros diciendo:

Dios mío, tu misericordia y tu perdón son grandes al perdonar al pecador, acoge benigno mi ritual y plegaria y haz por tu clemencia y piedad que yo y cuantos estén atados con los lazos de maleficios, brujería, hechicería, o magia negra, seamos desatados y absueltos.

También te ruego señor que mediante la intercesión de nuestro glorioso guerrero de luz, el Arcángel Miguel, corte y nos libere de tan terrible mal y seamos libres de todo maleficio, hechicería, brujería o magia negra y nos rescate y libere del poder del maligno espíritu, que lo ate con las cadenas y lo combata con su poderosísima espada.

En estas velas dejo en cada una de ellas toda la malignidad dirigida a mí. Amen, amen, amen.

Después se procede con la segunda nada más que ahora se limpia de hombros hacia la cadera diciendo la misma oración; al terminar se hace lo mismo de la cadera a pies y repite la oración, al terminar pone su altar y dice la siguiente oración:

Os conjuramos a todos y cada uno de ustedes espíritus inmundos, potestades satánicas, que en el nombre y virtud de nuestro señor Jesucristo se vayan bien lejos de mí que fui hecho(a) a imagen y semejanza de Dios, redimido(a) con la Preciosa Sangre del Cordero Divino,

Yo Soy un(a) escogido(a) de Dios y jamás te vuelvas atrever a penetrar en mí y mi mundo.

Así te lo manda el Dios Altísimo que siempre ha sido mi habitación y refugio.

Salte, lárgate, para siempre, te lo manda Dios Padre, te lo manda Dios Hijo, te lo manda Dios Espíritu Santo, Te lo manda el Sacramento de la Cruz. Humíllate bajo la presencia del Arcángel Miguel, humíllate bajo su brazo poderoso, estremécete y huye ante su poderío de su espada divina.

Humíllate bajo el Brazo Poderoso de Dios,

Estremécete y huye para jamás volver a la invocación del Santo y terrible para ti el nombre de Jesús, cuyo nombre es Santo y Poderoso y hace temblar a todos los infierno.

Su nombre está sujeto al Arcángel Miguel y a todas las Virtudes, Potestades y las Dominaciones de los Cielos a quien los Querubines y Serafines alaban en incesante coro, diciendo Santo, Santo, el Señor Dios de los Ejércitos.

Se dejan consumir las velas.

Para cortar hechizo si sabemos el nombre de la persona que causó el mal

Baño:

Se hierve ruda, pirul, albahaca, salvia, epazote, toronjil y perejil, se deja reposar y se le echa un chorrito de éter, chorrito de amoniaco y otro en mayor cantidad loción de heliotropo, se procede como en los anteriores baños.

Ritual:

Se necesita:

1   vela negra
1   vela café
1   vela morada
1   vela blanca
1   vela amarilla
2   velas azules
Una campana
Un incienso de mirra, copal o estoraque.

Se limpia con cada vela de pies a cabeza diciendo: Jesús Dios, entro en Belén, sale el mal y entra el bien.

Jesús Dios limpió mi cuerpo de maleficios, brujería y hechicería, entra el bien y sale el mal, sale el mal y entra el bien.

Jesús Dios entra, Jesús Dios entra, Jesús Dios entra. Amen, amen, amen.

Después colocamos las velas, las encendemos, al igual que el incienso y tocamos nuestra campana siete veces. Por favor, no olvidar pedir el triángulo de protección siempre que realicen un ritual, es sumamente importante.

Comenzamos con la invocación, con respeto y humildad y con las campanadas, invocamos a Nuestro Señor Jesucristo:

Jesucristo ven a liberarme, por tu gran misericordia y amor ven, ven, ven libérame, libérame, libérame (se repite siete veces)

Jesucristo vencedor ven y vence y hecha para siempre a las fuerzas malignas (se repite siete veces).

Extendiendo sus brazos hacia arriba con las palmas hacia el cielo, decimos:

Recibo auxilio de Jesucristo y de nuestro Señor Dios Padre, que hizo el cielo y la tierra.

Sé Señor Dios Padre que tú y tu Hijo Misericordioso y Bendito que es nuestro Señor Jesucristo atienden mi suplica y mi plegaria, sé que ya llegó hasta ustedes.

Dios Omnipotente, cúbreme y sálvame de maleficios. Conjuros, brujería, hechicería, encantamientos y enemigos . . .

Jesucristo libérame, exorcízame para que salga de mi cuerpo y alma toda la malignidad que han puesto sobre mí y mi familia, mi casa y trabajo

Quítame y libérame de ataduras, hechizos, maleficios, brujería.

¡Oh! Jesucristo bien amado, quién si no tú para purificarme, protégeme, corta y libérame, sáname y protégeme.

Mi Jesús Bendito, mi protector y guía, purifica, protege y santifica tu morada que es mi corazón, con humildad y amor te pido mores en mí.

En mi cuerpo, en mi corazón y tengas misericordia y perdón como lo tengo yo hacia los que me hicieron tremendo mal. Amen, amen, amen.

Dejamos consumir las velas.

Para cortar trabajos negros

Baño: se hierve, albahaca, salvia, ruda, pirul, romero, eucalipto, toronjil se deja reposar y se le añade un chorrito de agua bendita.

Bañarse como ya lo he explicado. Tiene que ser por siete días consecutivos sin cortar ni uno solo, y debe ser antes de acostarse.

Ritual:

Se necesitan:
7   veladoras cafés
Un incienso de mirra, copal, estoraque
Una campana
Agua bendita
Un escapulario
Un papel blanco
Una pluma atómica azul
Siete metros de manta de cielo, o siete metros de tela de algodón blanca.
Después del baño nos limpiamos con la veladora café diciendo: "En Nombre del Padre y del Hijo, del Espíritu Santo", deposito aquí en esta cera

todo hechizo, maleficio, brujería, encantamiento o magia negra.

Jesucristo Vencedor, por medio de esta cera vence el mal que afecta tu morada sagrada, que es mi cuerpo, así sea, Gloria sea dada al Señor.

Al terminar de limpiarse se enciende la veladora, junto con el incienso.

En el papel vamos a escribir la siguiente oración.

Jesucristo redentor, tú que llegaste como enviado y mensajero de nuestro Altísimo Padre, y con tus enseñanzas nos dejaste vivo ejemplo del amor, aquí haciendo pacto contigo y nuestro Padre, otorgo el perdón y la misericordia de los que se hacen llamar mis enemigos, siguiendo tu ejemplar Doctrina, hago pacto de amor con ellos, pidiendo clemencia para ellos ya que obran en ignorancia hacia ustedes,

Y siguiendo tu bendita enseñanza me atrevo a escribir.

Padre Nuestro

Que estás en el cielo,

Santificado sea tu nombre,

Vénganos tu reino,

Hágase señor tu voluntad.

Así en la tierra, como en el cielo

El pan nuestro de cada día,

Dánoslo hoy,

Y perdona nuestros errores,

Así como nosotros perdonamos a los que nos ofenden,

Y no nos dejes caer en tentación,

Y libarnos del mal,

Porque tuyo es el Poder,

El Reino y la Gloria,

Por siempre y para siempre,

amén.

Después que escribimos esto tomamos el escapulario lo descosemos y doblando el papel lo metemos dentro del escapulario, lo volvemos a coser y lo llevamos a una iglesia para que nos los bendigan.

Tanto el escapulario y el papel se tienen que velar los siete días, al octavo día es cuando lo metemos al escapulario y lo llevamos a bendecir.

Después del baño, nos envolvemos con la manta para dormir de pies a cabeza durante los siete días. Cada día la tenemos que guardar por las mañanas en una bolsa negra de plástico, para usarla en la noche nuevamente, así hasta que sean los siete días. Al octavo la quemamos, le podemos rociar alcohol para que se queme bien. Ya que se convirtió en cenizas las recogemos con cuidado y las metemos en la bolsa de plástico negra y la tiramos lejos de nuestro hogar.

Oración y contacto con nuestro propio "Ser"

Cuando no se sabe cómo resolver un problema, cuando hay confusión.

Se necesita: una vela blanca, que debemos poner cada vez que decretamos la siguiente oración:

Mi Cristo Interno me da la Inteligencia Infinita para resolver este problema.

He perdido el control y seguridad en esta situación que es_____

_____

_____.

Mi Cristo Interno, mi Propio "Ser", me da la sabiduría infinita y la claridad mental y la solución de esta situación. Gracias a mi Cristo Interno encontré la verdadera solución, amen, amen, amen.

Para tranquilidad

Se necesita:

una vela azul

una vela luz

Incienso mirra, copal, sándalo

1 campana (para liberar la habitación)

Sé que mi neblina mental me ha puesto en esta situación difícil de resolver.

Pero también sé que hoy por hoy mi gran "Ser", me da la Inteligencia Infinita que trabaja conmigo y transmuto toda falta de fe, odio rencor, envidia, celos, coraje, inseguridad, miseria, desamor y lo cambio por conocimiento. comprensión, fe, amor, perdón, misericordia, abundancia, suministro ilimitado de dinero, salud, dándome paz, tranquilidad, armonía, atrayendo a mi vida la verdadera felicidad.

Ahora me siento tranquilo(a), en paz, en armonía, me siento feliz.

Ya no hay duda, ya no hay dolor, ya no hay resentimiento, ya no hay soledad.

Sólo encuentro y veo amor y bondad en mí para darlo y recibirlo, y sé que la bondad de Dios me acoge, el amor de Dios me ilumina, el amor de Dios me sana, el amor de Dios me enriquece, el amor de Dios me salva.

Gracias Dios Padre-Madre por este don de amor y mi paz, tranquilidad, armonía, felicidad en el amor.

Oración para cuando nos sentimos enfermos

Necesitamos:

1   vela verde
1   campana
Un incienso de lavanda, sándalo, menta
Nos limpiamos con ella de cabeza a pies diciendo cualquier oración, después la prendemos junto con un incienso de mirra, copal, sándalo o lavanda, menta.

Después decimos la siguiente plegaria:

"Señor mío Jesucristo,
Por los clavos, por los azotes,
Por las espinas y lanzada,
Ruego a vuestra Divina Majestad,
Sea servido que esta enfermedad sea
Sana y salva.
Si tuviera cualquier otro mal, sea
Sumada, sea salvado(a).
Amen Jesús, amen Jesús, amen Jesús".

Oración para enfermedad

1   vela verde

1   campana

Un incienso mirra, copal, sándalo, lavanda

Nos limpiamos con ella diciendo cualquier oración, después la prendemos, junto con el incienso de mirra, copal, sándalo, lavanda

Y decimos la siguiente oración:

"Ir por todo el mundo

Y en mi nombre cura y sana

De cualquier enfermedad

Que sea en virtud de tan altas palabras.

Señor mío Jesucristo,

Suplico a vuestra Divina majestad sea sanado

De esta enfermedad, sálvame Señor.

Como fueron sanas y salvas

Las llagas de nuestro Señor Jesucristo,

Sin corrupción delante.

Ni a mi sangre corrompida.

Amen Jesús, amen Jesús, amen Jesús".

Para cualquier enfermedad

Baño:

Dos cabezas de ajo macho, un pedazo de sábila, un poco de canela en raja, unas pocas semillas de mostaza, manzanilla y hierbabuena. Se hierven y se dejan reposar y procedemos igual que en los otros baños.

Ritual:

Se necesita:

1   Vela blanca
1   Vela amarilla
2   Velas verdes
1   Vela naranja
Un incienso de mirra, sándalo o lavanda
Una campana para liberar la habitación.

Se limpia su cuerpo con las dos velas verdes y después con la naranja de cabeza a pies, persignándose y diciendo:

Esta vela bendita saca toda la enfermedad, todo mal de mi cuerpo, y Jesús entra con salud y bienestar en mí, entra Jesús, sale el mal, entra Jesús, sale el mal, entra Jesús, sale el mal, entra la Virgen Santísima y sale la enfermedad, entra la Virgen Santísima y sale la enfermedad, entra la Virgen Santísima y sale la enfermedad, entra la Santísima Trinidad y se va para siempre el mal y la enfermedad, entra la Santísima Trinidad y se va para siempre el mal y la enfermedad, entra la Santísima Trinidad y se va para siempre el mal y la enfermedad, así es, así será, así lo acepto por siempre y para siempre, amen, amen, amen.

Se prenden las velas con el incienso y se dice con fe, fuerza y voluntad la siguiente oración:

"Jesús, Jesús, Jesús,
Debajo de esta mi mano derecha,
Ponga la suya el Espíritu Santo,
Debajo de esta mi mano izquierda,
Ponga la suya la Virgen María.
en un santiamén, Jesús, Jesús,
Dios Todo Poderoso te dé la gracia,
Que ha menester sus criaturas,
Para que en todo sea loado y glorificado

Por siempre sin fin, amen.

Jesús, Jesús, Jesús,

Gloria sea el padre

Gloria sea el hijo,

Gloria sea el espíritu santo,

Por siempre sin fin, amen.

Jesús, Jesús, Jesús,

Santa Ana parió a la Virgen,

La Virgen parió a Jesús,

Santa Isabel parió a San Juan,

Como esto es verdad,

Yo soy sanado de este mal.

Dios Padre en el cielo mandando,

El ángel San Gabriel saludando,

La Virgen consintiendo,

Y el Verbo Eterno Encarnado.

Como esto es verdad

Yo soy sanado de este mal.

Cristo nació.

Cristo murió,

Cristo resucitó.

Como esto es verdad,

Yo soy sanado de este mal.

Bendito sea el nombre del buen Jesús,

Loado sea el nombre del buen Jesús,

Glorificado sea el nombre del buen Jesús

En la Santísima noche de Navidad,
Parió la Virgen al buen Jesús de Nazareno,
El cual padeció muerte y pasión,
Por salvar al linaje humano
Como esto es verdad,
Así lo creo yo,
Por tan alto misterio.
Ruego y pido por merced a la Santísima
Trinidad, que con la Gracia del Espitita Santo,
Sea sanado de este mal, amen.
Jesús, Jesús, Jesús.
Te bendigo con Dios Padre,
Te bendigo con Dios Hijo,
Te bendigo con Dios Espíritu Santo,
Tres personas distintas y un solo Dios Verdadero.
El cual me sana, por su infinita misericordia y
bondad.
Amen Jesús, amen Jesús, amen Jesús.
Consumatun est, consumatun est, consumatun est.

Se dejan consumir las velas, este ritual se puede realizar diariamente, hasta sanar.

Para cualquier enfermedad

Baño:

Se hierve albahaca, ruda, y un pedazo de sábila, epazote, lavanda, hierbabuena y un poco de manzanilla, se deja reposar y hacemos la misma operación de todos los baños.

Sería muy conveniente nos vistiéramos de verde que es el color de sanidad, y si fuera la ropa de algodón o lino mucho mejor.

Ritual:

Se necesita:

1   vela blanca
2   velas moradas
2   velas verdes
1   vela azul
1   vela naranja
Un incienso de mirra, copal o sándalo
Una campana (para liberar a la habitación)

Bendecimos todas las velas con agua bendita, diciendo la siguiente oración.

En nombre del Padre, del Hijo y del Espíritu Santo, te pido Dios Padre Altísimos, me concedas y otorgues la bendición para estas ceras de salutación, ya que te las ofrezco en signo de amor y gratitud por mi salud.

Bendícelas Padre Eterno con esta agua bendita que roseó en ellas, dales todo el Poder de Transmutar todo mal, enfermedad, por lo que tu mandas Padre, que es la salud perfecta y total de mi cuerpo, que es tu cuerpo Padre Mío. Te pido perdón y misericordia por no haberlo cuidado y honrado Padre Mío, pero mi arrepentimiento es real y verdadero, mi petición la hago con gran humildad y fervor Padre Mío. Quiero y deseo cumplir contigo y mi vida en servicio a mi cuerpo y a mi mundo con amor, respeto, responsabilidad. Dame la oportunidad de tener la resurrección y la vida de mi salud perfecta de mi cuerpo, haciendo pacto de amor con él y sobre todo contigo Mi Señor Dios, mi amparo y resguardo, bendícelas Señor con tu gran misericordia y amor. Sé que sabes que estoy cumpliendo tu llamado, cuidando y amando mi habitación que es tu habitación Señor, mi cuerpo sagrado y bendito.

Gracias Padre Altísimo, tú eres Omnipotente y para ti no hay imposibles, y sé que tu acción es inmediata gracias te doy Verbo Eterno. Amen, amen, amen.

Con una vela morada nos limpiamos de cabeza a pies, diciendo: (Yo Soy el Máximo Poder de Dios en Acción, Yo Soy salud perfecta y total).

¡Yo Soy salud! ¡Yo Soy salud! ¡Yo Soy salud!

Es Mandato Divino que te vayas lejos para nunca más volver, dolor, enfermedad, resentimiento, vete de aquí, vete, vete, que Dios te lo manda.

Después con las velas verdes de pies a cabeza, y vamos a decir:

Verde es el manto de la Virgen de Guadalupe, verde es el color de la vida y salud, Jesucristo tú que eres legendario de nuestro Arcángel Rafael, nuestra Madre María, dame toda la salud que necesito, quitándome esta apariencia de enfermedad, si bien es cierto que mi cuerpo siente el dolor y la enfermedad, no así mi alma. Yo sé que es apariencia de enfermedad y que tú conmigo ¿qué enfermedad me vencerá?, ninguna, ninguna,

ninguna, tú que eres sanador de cuerpos y almas sé que me estás sanando con tu bello color verde de sanación y verdad, gracias, Jesús, gracias Santa Madre María, gracias Virgen de Guadalupe, gracias Arcángel Rafael, gracias por la resurrección y la vida de mi mente, mi cuerpo, mi vida. Amen, amen, amen.

Después prendemos nuestras velas y nuestro incienso, nos persignamos y comenzamos a orar.

En Nombre de la Santísima Trinidad (tres veces se repite)
Jesús, María
De la mano de la Virgen sin mancilla,
Primero que la mía,
No me santiguo yo, sino Dios,
Que es Dios Padre.
Que es Dios Hijo
Que es Dios Espíritu Santo.
Santiguándome setenta y seis miembros,
Que el Señor me dio y me formó como criatura suya,
hecha a su imagen y semejanza.
La cabeza con San Juan Bautista,
Los ojos con Santa Lucia,
La boca con Santa Apolonia,
La garganta con San Blas,
Los pechos con Santa Águeda,

El estómago con San Gregorio,

Los intestinos con San Eustaquio,

Las piernas con San Cosme y San Damián,

Todo mi cuerpo de los pies a la cabeza,

Con el bienaventurado señor San Andrés,

Que así como es bien y verdad,

Que estuvo tres días en un aspa aspado,

Sea rogador a nuestro Señor Jesucristo,

Se me quiera quitar cualquier dolor y enfermedad.

Jesucristo vence,

Jesucristo reina,

Impera Cristo,

De todo mal me libre y me defienda.

Donde Jesús se mentó,

Todo mal se quitó,

Donde fue mencionado,

Todo mal fue quitado.

Amen, amen, amen.

Se apagan las velas, y al siguiente día procedemos igual, hasta ver desaparecer la enfermedad.

Para tranquilidad y la Mente

Baño:

Se hierven hojas de lechuga, unas pocas de pirul, hojas de naranjo y ramita de limonero (té de limón), un poco de ramas de lavanda, eucalipto (calma los nervios y modera la agresividad), se hierven y se deja reposar y proceder igual que los anteriores baños.

Ritual:

Se necesita:

1   vela blanca
1   vela azul
1   vela verde
2   velas naranjas

Un incienso de sándalo, manzana con canela, o canela. Una campana (para liberar la habitación se toca siete veces).

Prendemos las velas y el incienso, después vamos a relajarnos y a respirar muy profundamente con Boca cerrada y sacando el estómago al momento que inhalamos, después soltamos lentamente el aire y contraemos el estómago; es decir lo metemos, esto lo hacemos por periodos de siete, inhalamos, sacando el estómago, exhalamos, metiendo el estómago, siete veces, después decimos esta oración:

Dios todo Poderoso, que con tu amor y misericordia ayudas a todos tus hijos, escucha bondadosamente mis suplicas.

Restaura y restablece mi mente y dame la tranquilidad que tanto necesito:

Dios todo Poderoso, mándame a tus Ángeles para que me protejan y me guíen con sus manos por el sendero de paz, tranquilidad y armonía.

Dios Todo Poderoso, tú me cubres con tus plumas,

Debajo de tus alas estoy seguro,

No temeré mal alguno Padre, sabiendo que tú eres mi habitación y refugio,

Gracias Padre Eterno. Por siempre y para siempre. Amen, amen, amen.

Con el Pleno Poder y Autoridad del la Amada Presencia ¡Yo Soy!, pido el maestro Hilarión, a Jesucristo, a la Madre María, al Arcángel Rafael que hagan resplandecer, resplandecer, resplandecer su llama de curación y sanación color verde, a través de mí y disuelvan, disuelvan, disuelvan las causas y núcleos de toda edad y enfermedad, rencor y odio en mi mente y cuerpo físico. Remplacen, remplacen, remplacen, toda apariencia de enfermedad, en salud perfecta y total de mi mente y cuerpo físico, con la vitalidad, energía, juventud y perfección.

Y esto es Auto-sostenido como el nombre Sagrado. ¡Yo Soy!

Al terminar volvemos a respirar igual que al inicio, damos gracias y apagamos las velas, para el siguiente día.

Para el miedo y el temor

Baño:

Hojas de naranjo, lechuga, lavanda se hierven y se dejan reposar.

Hacer un té de tila, anís de estrella, flores de azahar y endulzarlo con miel, tomarlo caliente antes de acostarse.

Ritual:

Se necesita:

1   vela verde
1   vela azul
1   vela naranja
1   campana(para la liberación)
Un incienso de canela, manzanas, lavanda

Se encienden las velas y el incienso y se dice la siguiente oración:

Dios mío ¡ayúdame! ¡ayúdame! ¡ayúdame! aleja para siempre este miedo y temor, esta ansiedad, esta inseguridad, restablece mi mente, mis nervios, mi vida. Dame valor Señor para entender, comprender que si vivo en ti nada malo puede pasarme, que si vivo en ti, viviré eternamente, que no hay nadie, ni nada fuera de ti que me pueda salvar de mi mismo Señor.

Dame la paz que necesito, dame la fe verdadera Padre Mío:

¡Dios mío! Ayúdame a sentir tu presencia dentro de mí,

Ayúdame a estar consciente de que Yo Soy un Sagrario Viviente,

Y que tengo salud perfecta y total.

Dame tu paz Señor, esa paz que escapa a toda comprensión de la mente humana.

Aunque bramen las aguas, aunque el rayo aterrador hienda los espacios incendiándolos, aunque los montes se conmuevan y salten sobre sus bases, sepa yo conservar mi serenidad, sabiendo que tú estás conmigo y que en donde tú estás nada malo puede sucederme.

Me cobijo bajo tus alas, sé que ahí siempre estaré seguro, gracias Padre que así me proteges.

Este salmo lo podemos utilizar siempre, sin necesidad de velas, es milagrosísimo.

Se termina y se apagan las velas y se procede igual al siguiente día.

Para mente y nervios

Baño:

Se hierve manzanilla, hierbabuena, hojas de lechuga, hojas de naranjo, se procede como los anteriores.

Se prepara un té de valeriana, se endulza con miel. Se toma antes de acostarse y por la mañana al despertar. Si sufren de insomnio tómenlo con leche.

Se necesita:

1   vela azul
2   velas naranjas
1   vela verde
1   campana (para liberación)
Un incienso de lavanda, rosas, canela, manzana

Se prenden las velas y el incienso y decimos la siguiente oración:

Jesucristo, Jesucristo, Jesucristo, ven a sanarme, ven a sanarme, ven a sanarme,
Yo soy hombre de verdadera fe.

Confío en ti, Confío en ti, Confío en ti.

Jesucristo, Jesucristo, Jesucristo,

El santo, el sanador, el curador,

Vence, vence, vencedor,

Jesucristo es el vencedor.

Así como esto es verdad,

Vence esta enfermedad de la mente y de los nervios,

Restablece la salud en mi mente, y mis nervios,

Ahora yo soy vida, salud, paz, tranquilidad, armonía.

Jesucristo, Jesucristo, Jesucristo,

Junto de la mano con mi ángel de la guarda,

Restablece, sana mi mente y nervios.

Amen, amen, amen.

Oración al ángel

Ángel santo de mi guarda,
Relicario del Señor, para mí
Fuiste creado, para amparo y
Guardador.
Ruégote Ángel bendito por tu gracia y
Tu poder, tú me puedes defender de tan terrible mal,
Suplícale a Jesucristo cuando en la Gloria lo veas,
Dile que aquí está mi alma con gran amor y fe
para él,
Que presto, presto, presto lo espero para Restablecer
mi mente, mis nervios, mi salud, que mucho puedo
y alcanzo de su Espíritu muchas mercedes,
Pues mi fe es verdadera con amor y devoción.
¡Socórreme Virgen Santa! ¡Socórreme Señora!, por
Amor a Dios, sáname, cúrame,
Restablece mi Mente y Nervios por aquel que se
hizo y nació de voz.
Amen, amen, amen.

Jesús, hijo, María madre,
Curándome, sanándome (se repite tres veces)

Dios Padre en el cielo mandando, y el Arcángel Rafael sanando, mi mente, mis nervios, la Virgen María, curando, sanando mi mente y mis nervios.

El Espíritu Santo sanando, curando mi mente y mis nervios.

El Verbo Eterno Divino, restableciendo mi Mente y mis Nervios.

Así como esto es verdad,

Esta Mente y estos Nervios,

Son sanados, curados

Ya no hay duda, ya no hay temor

Son sanados Mente y Nervios.

Y por aquellas Santísimas palabras, que dejo el buen Jesús, en el árbol Santísimo, esta Mente y estos Nervios están sanados, curados, restablecidos.

Consumatun est, consumatun est, consumatun est.

Para tranquilizar sistema nervioso

(cuando sufrimos de acoso)

Baño:

Se hierven hojas de naranjo, hojas de lechuga, pirul, ruda, albahaca, manzanilla, hierbabuena, se deja reposar por treinta minutos y se procede como en los anteriores baños.

Té para tomar:

Tila, anís de estrella, valeriana, se puede tomar con agua o leche. Se prepara lo que se agarre con dos dedos de cada cosa en un litro de agua o leche y lo podemos endulzar con miel de abeja, se toma tibio antes de acostarse, inclusive se puede tomar por las mañanas.

Antes que todo se tiene que limpiar con un huevo sin refrigerar de cabeza a pies, diciendo:

Aquí estoy con fe de mi alma cristiana, limpiándome con este huevo de pies a cabeza para liberarme del mal que acoge mi alma.

Huevo virtuoso, huevo bendito, huevo sagrado, huevo santo por la virtud que tú tienes, te pido me libres del miedo, y terror que sufren mi alma y mis nervios, me des la tranquilidad que tanto necesito, me des salud, restableciendo mi sistema nervioso, que quede impregnado en ti huevo virtuoso, la enfermedad, el nerviosismo, así sea.

En un vaso con tres cuartas partes de agua se rompe el huevo y diciendo En Nombre del Padre, del Hijo y del Espíritu Santo amen.

El huevo junto con el agua se tira por el inodoro jalando la palanca.

Ritual:

- 1 vela morada
- 1 vela azul
- 1 vela verde
- 1 vela naranja
- 1 vela rosa
- 1 vela blanca
- 1 vela amarilla

Incienso de mirra, copal, sándalo o estoraque

Una campana (para liberar la habitación).

Se persignan y piden el Triángulo de Protección del Espíritu Santo y la ayuda de nuestro Señor Jesucristo.

Se dice: Pido el Triángulo de Protección del Espíritu Santo, para poder realizar mi sanación, mi curación, mi paz, tranquilidad y armonía.

Pido la asistencia de mi bienamado Jesucristo para restablecer mi mente y sistema nervioso, dándome salud y protección, amen, amen, amen.

Procedemos a encender nuestras velas y nuestro incienso y comenzamos a orar lo siguiente:

Yo te amo, Yaveh, mi Fortaleza,
Mi Salvador, que de la enfermedad me has salvado,

Yaveh, mi roca, mi baluarte,
Mi liberador, mi sanador, mi Dios,
Los brazos que me arrullan y protegen,
Mi escudo y fuerza de mi salvación,
Mi ciudadela y mi refugio,
Invoco a Yaveh, que es digno de alabanza,
Y quedo sanado de todo mal.
Quedo salvado de mis enemigos.
El miedo a mis enemigos me envolvía,

Me espantaban a cada segundo de mi vida,

Poniendo mis nervios de punta, robándome toda tranquilidad,

Sentía que me aguardaban en cada esquina,

Acechándome para darme muerte en la oscuridad.

Clame a Yaveh, en mi angustia,

A mi Dios invoque,

Y escuchó mi voz desde su templo,

Resonó mi llamada en sus oídos.

Él extiende su mano de lo alto,

Para liberarme y sanarme,

Para sacarme de la profunda depresión y angustia,

Me libera de mi enemigo que me acosa,

De mis adversarios más fuertes que yo.

Yaveh, es un apoyo para mí,

Me saco de mi terror y nerviosismo,

Me libero y protegió del enemigo,

Me sano y salvo porque me ama.

Yaveh me recompensa conforme a mi justicia,

Me paga conforme a la pureza de mis manos,

Porque he guardado los caminos de Yaveh,

Y no he hecho mal lejos de mi Dios.

Porque tengo ante mí todos sus juicios,

Y sus preceptos no aparto de mi lado,

He sido ante él irreprochable,

Y de incurrir en culpa me he guardado.

Yaveh, me devuelve mi salud y cuidado,

Según mi justicia, que he guardado,

Según la pureza de mis manos,

Que tiene ante sus ojos.

Con el piadoso es piadoso,

Intachable con el hombre sin tacha.

Con el puro eres puro,

Tú que me sanas y me salvas

Tú eres Yaveh mi lámpara,

Que iluminas mi mente,

Mi Dios que alumbras mis tinieblas,

Restablece con tu ayuda mi mente,

Y acometes mis nervios

Con mi Dios escalo la muralla de la sanación,

Con mi Dios escalo la muralla de la protección,

Con mi Dios escalo la muralla de la salvación,

Dios es perfecto en sus actos y sus actos son inmediatos,

Gloria sea dada al Señor Nuestro Dios Yaveh, amen,

amen, amen.

Para conseguir trabajo

Ramas de helecho, epazote, hierbabuena, manzanilla, un ajo macho, rama de canela, dos pimientas negras gordas. Se hierven y se reposa durante quince minutos, después se cuela. Cuando se bañe, se tiene que exfoliar con azúcar morena y después untarse miel de abeja, mientras reposan la miel digan esta oración:

Bienaventurado el que piensa en que es parte de un Todo, ya que el Todo me dará salud, amor y prosperidad, mi fe está en esa Mente Infinita, Mi Dios, Salvador mío, él me guarda y me da vida, salud, amor y prosperidad.

Dios Padre-Madre ya tiene diseñado un trabajo para mí, que me dará, paz, tranquilidad, armonía, y sobre todo me dará el suministro ilimitado de dinero, que necesito.

Bendito seas Dios Padre-Madre, por los siglos de los siglos amen.

Después enjuagarse perfectamente bien y por último con el preparado, al que antes de aplicarlo le echamos un buen chorro de agua de lavanda o de agua de naranjo.

Ritual:

1 vela blanca

1 vela naranja

1 vela rosa

Incienso de canela, rosas, violetas o manzana

Una campana (para la liberación de la habitación).

Prender las velas en triángulo junto con el incienso, y con mucha devoción decir la siguiente oración:

San José carpintero,

Bendito y loado seas,

Padre de Jesucristo,

Esposo de María la Virgen,

Hombre misericordioso,

Sabio, trabajador, y bendito,

Aquí debajo de mi mano derecha,

Está tu mano bendecida y amorosa,

Debajo de mi mano izquierda,

Está la Divina Providencia.

Tú me has de abrir las puertas,

Para conseguir el trabajo que me convenga,

Otorgándome la paz, tranquilidad, armonía,

Dándome mí suministro ilimitado de dinero,

Tú me has de guiar,

Tú me has de ayudar,
A conseguir el trabajo
Que necesito,
Siempre, siempre, siempre,
Siempre será mi amor y agradecimiento,

A ti, san José bendito, siempre, siempre, siempre,
A ti me encomiendo San José carpintero,
Tú eres mi guía, mi pastor,
Yo Soy tu oveja, más querida,
Sé que me escuchas,
Sé que me guías con amor y seguridad,
A encontrar ese trabajo bendito,
Para desempeñarlo con eficacia y amor,
Tú eres estrella que me guía,
En momentos de oscuridad, de tristeza,
Dándome luz y abriéndome las puertas,
Del amor, confianza, fe.
No me desampares San José,
Llega ya ese trabajo que he de,
Desempeñar con amor y esmero,
En agradecimiento y en nombre tuyo
José carpintero.
Loado sea tu nombre san José carpintero,
El más humilde de los carpinteros,
El más honrado de Dios,

Padre amoroso,

Esposo comprensivo,

Hijo amoroso, humilde,

Bendecido de Dios.

San José carpintero,

Hecho Santo, escúchame,

Confío en ti, confío en ti, confío en ti,

Loado sea tu nombre, tu labor,

San José bendito.

Amen José, amen José, amen José.

Se dejan encendidas las velas hasta que se acaben, este ritual se debe de realizar durante siete días seguidos.

Para trabajo

Baño:

Ramas de pino, ramas de perejil, ramita de romero, ramita de ruda, siete flores de campanilla, un crisantemo se hierven. Cuando nos bañemos nos tallamos la piel con azúcar morena y después nos enjuagamos con el preparado.

Ritual:

Se necesita:

1 vela blanca
1 vela amarilla
1 vela naranja
1 campana (para liberar la habitación)
Un incienso, canela, sándalo, violetas o manzana
Azúcar morena
Agua bendita
Se bendicen las velas después de haberlas liberado, y limpiarse de pies a cabeza con las tres velas, diciendo:
En Nombre del Padre, del Hijo, del Espíritu Santo, Dios Padre-Madre, otorga el poder a la vela blanca

para que trabaje mi Inteligencia Infinita, armoniza la amarilla para que me dé abundancia espiritual, mental y económica, la naranja, me llene de paz, tranquilidad, armonía, fe, riqueza, opulencia, abundancia, espiritual, física y material. Amen, amen, amen.

Se encienden las velas y el incienso, y decimos la siguiente plegaria:

San José bendito, San José bendito, San José, bendito,
Te conjuro, te llamo, te suplico,
Ven, a socorrerme, ven a mi ayuda, ven a guiarme,
Ven a orientarme, ven a mi auxilio, ven a mí.
Te digo, parto de mi cuerpo,
Lo que puedo y deseo,
Si a la hora que hago lo que puedo,
Después de más deseo.
    Te llamo y te llamaré,
    Te conjuro y te conjuraré,
    Te invoco y te invocaré,
    Te nombro y te nombraré,
    Siempre, siempre, siempre.
    Tú, patrón del trabajo,
    Que siempre socorres a todos,
    Dame el trabajo que tanto necesito,
    Lo necesito para mi sustento y beneplácito,

Para desempeñarlo con amor, devoción y humildad.

¡Oh! San José bendito,

Sé que me lo das,

Guíame como tu más humilde

Cordero, a tan bendito y deseado trabajo,

Que yo lo realizaré con amor y esmero.

Presto, presto, presto, dámelo ya,

San José bendito y misericordioso,

Se el amparo y custodio de mi casa,

Tú casa ¡Oh! Gran Señor,

Siempre en cualquier ocasión,

Eres mi protección, mi fe y mi causa,

San José bendito,

Voy, entro y salgo,

Donde quieras, San José bendito,

Con verdadera confianza y fe en ti.

Santo bendito y verdadero.

Te doy todo mi reconocimiento,

Y agradecimiento por siempre y para siempre,

Santo de mi devoción,

Hazme triunfador, hazme triunfador, hazme triunfador,

Amen, San José, amen, San José amen, San José.

Trabajo

Baño:

Se hierven siete campanillas, siete pétalos de girasol, siete pétalos de crisantemos y se procede como en los anteriores baños, sin olvidar tallarse la piel con azúcar morena.

Ritual:

Se necesita:

1   vela rosa
1   vela amarilla
1   vela naranja
1   campana(para liberar la habitación)
Un incienso de canela, manzana, sándalo, pachulí
Azúcar morena
Agua bendita

Se bendicen las velas y se procede a limpiarse con ellas de pies a cabeza, diciendo: "Estas tres velas con mi esencia se las dedico a la divina providencia, en nombre del Padre, del Hijo, del Espíritu Santo amen".

Se encienden junto con el incienso y comenzamos nuestra invocación.

En nombre de la Divina Providencia,
Te invoco a ti San José carpintero,
Ven, ven, ven. (Se repite tres veces, tocando la campana),
Por tu virtud San José,
Por la virtud y poderío de Dios,
Por la dignidad de Dios,
La dignidad de tu amada esposa María,
Por la dignidad de tu amado hijo Jesús.
Te pido me concedas trabajo,
Para mi suministro y sustento,
Dame el trabajo que tú consideres,
Mejor para mí, para desempeñarlo,
Con humildad, amor y devoción.
Te dejo estas tres luces encendidas,
En muestra de mi confianza, fe y devoción,
Sé que esto está concedido, no tengo duda,
Más tengo honda gratitud y amor por ello.
Gracias, gracias, gracias,
San José bendito, Divina Providencia (se repite tres veces).
Consumatum est, consumatum est, consumatum est.
Amen, amen, amen.
Gloria sea dada al Señor.

Trabajo

Se hierven siete margaritas, tres magnolias, tres narcisos se hierven y se procede igual que en los anteriores baños.

Ritual:

Se necesita:

- 1   Vela blanca
- 1   Vela verde
- 1   Vela morada
- 1   Campana

Un incienso de canela, manzanas, violetas o sándalo.

Limpiarse con las tres velas después de haberlas liberado y bendecido y decir:

La Inteligencia Infinita me abre camino para que mi petición llegue hasta ti, San José bendito.

Con la luz blanca enciendo y doy Poder a mi Inteligencia Infinita, con la luz verde traigo la verdad y mi suministro ilimitado de dinero, atrayendo a mi vida el trabajo que va a glorificar mi éxito,

Con la morada transmuto toda miseria, toda falta de dinero, falta de trabajo, falta de salud, falta de amor y lo cambio por abundancia de amor, salud, dinero, oportunidad de trabajo, así sea, así es, así será, amen, amen, amen.

Después se encienden las velas y el incienso y se dice la siguiente oración:

Poderosísimo San José, esposo de María, ayo y padre legal de Jesús, protector y amparo mío, arrodillado aquí te pido humildemente, me alcances la gracia de conseguir este trabajo que te pido.

Por medio de este trabajo traiga a mi casa suministro ilimitado de dinero, para cubrir todas mis necesidades y deseos, dándole a mi casa y familia toda la seguridad y abundancia para nuestra paz, tranquilidad y armonía.

Gracias San José bendito.

Loado sea tu Santo Nombre por siempre y para siempre, amen, amen, amen.

Ritual de prosperidad

Baño:

Se hierven ramas de hierbabuena, ramitas de trébol aunque sean de tres hojas, ramitas de vainilla, ramitas de pino, ramas de perejil, ramita de naranjo, ramitas de menta, y se dejan reposar por treinta minutos, después le echamos un chorro de agua de naranjo, o de lavanda.

Meterse a bañar y tallarse la piel con azúcar morena; después untarse un poco de miel en toda la piel, durante unos dos o tres minutos. Entretanto, decir esta oración:

Yo me acojo bajo el amparo del Altísimo,
Señor mío, mi Dios,
Él me provee de riqueza, abundancia y opulencia,
Me conforta y me libra,
Me cobijo bajo su amparo,
Mi fe es mi Señor, mi Dios Padre-Madre
Amen, amen, amen.

Después nos enjuagamos con el agua preparada, sin secarnos, nada más nos sacudimos y nos vestimos.

Ritual:

Se necesitan:

3 velas naranjas
2 velas verdes
2 velas amarillas
Polvo de oro
Miel
Esencia de ajo
Un incienso, canela, mirra o pachulí

Se bendicen las velas como en los rituales anteriores y después untarles a todas la esencia de ajo, un poco de miel y después el polvo de oro, luego hay que encenderlas junto con el incienso y decimos la siguiente invocación:

Yo te invoco Divina Providencia a que participes conmigo en este Ritual de Prosperidad y Riqueza. (Tres veces)

Bendice mis tres velas oro rubí (naranjas), para darme, la primera abundancia de salud, paz, tranquilidad y armonía; dos abundancia de riqueza espiritual y material; tres abundancia de amor y misericordia. Así sea, así es, así será por siempre y para siempre, amen, amen, amen.

Yo te invoco señor Jesucristo (tres veces),

Bendice señor Jesucristo estas velas verdes, color que simboliza:

Una la salud perfecta y total, dos la verdad, tu que perteneces a la legión del arcángel Rafael, y de nuestra señora María Virgen, unifícate con ellos para darme salud, amor, dinero, así sea, así es, así será, por siempre y para siempre, amen, amen, amen

Yo te invoco Espíritu Santo (tres veces)

Para que bendigas estas velas amarillas que simbolizan la riqueza, la abundancia, la opulencia espiritual y material.

Ven en mi ayuda y otórgame el bienestar, el confort, y la seguridad de la riqueza que necesito para ser feliz en esta vida, así sea, así es, así será por siempre y para siempre.

Gloria sea dada al Señor Nuestro Dios, amen, amen, amen.

Dejamos consumir nuestras velas.

Para ganar en juegos
de asar o lotería

Baño:

Siete flores de jacinto, siete claveles no importa el color, un girasol, se hierve todo y se deja reposar 30 minutos. Bañarse, tallarse la piel con azúcar morena, enjuagarse y el último enjuague hacerlo con el agua preparada.

Ritual:

Se necesita:

1   Vela blanca
1   Vela amarilla
1   Vela azul
1   Campana
    Un incienso de sándalo, canela, violeta, lavanda, manzana
    Esencia de ajo
    Miel
    Polvo de oro

Bendecir las velas, untarlas con la esencia de ajo, después ponerles la miel, con los polvos de oro; encenderlas, igual que el incienso, y decir la siguiente plegaria:

Invoco al Padre, al Hijo y al Espíritu Santo (tres veces)

Para que precedan este ritual de riqueza y abundancia y opulencia espiritual y material.

Dios Padre dame la gracia de alcanzar lo que se llama buena suerte en el juego de azar que tomo parte, con el premio mayor, sacándome la lotería, dándome el éxito que coronará mis deseos, llenando mi vida de abundancia de salud, amor y dinero, dándome seguridad y felicidad.

Dios Hijo dame la gracia de alcanzar lo que se llama buena suerte en el juego de azar que tomo parte sacándome la lotería con el premio mayor, dándome el éxito que coronará mis deseos, llenando mi vida de paz, tranquilidad y armonía, dándome felicidad.

Dios Espíritu Santo dame la gracia de alcanzar lo que se llama buena suerte en el juego de azar que tomo parte, sacándome la lotería con el premio mayor, dándome el éxito que coronará mis deseos, llenando mi vida de seguridad, riqueza, abundancia y opulencia, llenando mi vida de felicidad.

Divina Providencia tú que das casa, vestido y sustento, dame la gracia de ganar en este juego de azar y te prometo que con la misma gracia y benevolencia socorreré a todo aquel que lo necesite, aprendiendo hacer, mejor persona llena de sabiduría, misericordia y benevolencia.

Asimismo socorrer a mis hermanos.

Así sea, así es, así será, por siempre y para siempre.

Amen. Amen, amen.

Se dejan consumir las velas y después compramos el billete.

Prosperidad y riqueza

Baño:

Se hierven hojas de pino, hojas de menta, hojas de laurel, hojas de hierbabuena, hojas de pirul, se dejan reposar durante treinta minutos. Igual bañarse y tallarse la piel con azúcar morena y enjuagarse por ultimo con el preparado.

Ritual:

Se necesita:

1   Vela amarilla
1   Vela naranja
1   Vela verde
1   Campana
Un incienso de manzana, canela, violetas
Esencia de ajo.

Bendecir las velas, untar la esencia de ajo; encenderlas junto con el incienso y decir la siguiente oración:

Yaveh es mi pastor,

Nada me falta,

En lugares de verdes pastos,

Me pastorea,

Él conforta mi alma,

Él me guía por sendas de justicia

Por amor de su nombre.

Aunque ande en valle de oscuridad

Y de sombras de muerte

No temeré mal alguno, Padre,

Porque tú estas conmigo,

Tu vara y tu cayado

Me infunden aliento,

Aderezas mesa delante de mí

En Presencia de mis angustiadores

Unges mi cabeza con aceite,

Mi copa está rebosando

Ciertamente, el bien y la misericordia

Me siguen todos los días de mi vida,

Y en tu casa Señor,

Morare ya para siempre.

Amen, amen, amen.

Se termina el Salmo, apagar las velas, y proceder así al siguiente día. Es un ritual de siete días consecutivos, el salmo se debe decir siempre.

12/18 ① 7/17

CPSIA information can be obtained at www.ICGtesting.com
Printed in the USA
LVOW12s0347240116

472004LV00001B/13/P